cycle 4

3e

Le Cahier du citoyen

ENSEIGNEMENT MORAL ET CIVIQUE

W0392048

Coordination Jeanne et Aurélien Cador

Auteurs :

Pascal Airault
Certifié d'histoire et géographie
Collège de Saint-Girons (Ariège)

Aurélien Cador
Certifié d'histoire et géographie
Formateur académique
Collège des Collines à Chirens (Isère)

Jeanne Cador
Certifiée d'histoire géographie
Référente numérique
Collège Plan-Menu à Coublevie (Isère)

Année scolaire 20_____ - 20_____ **Classe :** 3e _____

Collège : _______________

Ce cahier appartient à : _______________

Adresse : _______________

hachette
ÉDUCATION
Les enseignants sont nos auteurs

Sommaire

Complément Brevet à télécharger
sur www.hachette-education.com

Je suis sensible à une situation :

Devenir et être un citoyen français

Activité A Des étrangers deviennent français

3/b - Connaître les principes, valeurs et symboles de la citoyenneté française.

DOC. 1 La naturalisation* de Lassana Bathily, le « héros » de l'Hyper Cacher

Le jeune homme de 24 ans était visiblement très ému ce mardi soir, au ministère de l'Intérieur, entouré de ses proches. Le jeune Malien a reçu du Premier ministre une lettre signée du chef de l'État, un passeport et une médaille. Trois preuves concrètes que son rêve d'enfant, « devenir français », était bien devenu réalité. Né au Mali et arrivé en France il y a huit ans, il a, lors de la cérémonie, confié sa joie et son émotion, affirmant que « les gens sont tous égaux quelle que soit leur couleur ».

D'après Yann Bertrand, www.franceinfo.fr, 20 janvier 2015.

DOC. 2 Manuel Valls, Premier ministre, accueille un nouveau citoyen français

Manuel Valls, lui-même naturalisé français, a prononcé un discours pour la naturalisation de Lassana Bathily. Il en a profité pour préciser que 57 610 personnes ont été naturalisées françaises en 2014.

« Vous êtes un des visages de cette France. Accueillir de nouveaux Français, c'est une chance pour le pays. Et pour ceux qui deviennent Français, c'est aussi une chance pour eux. Et pour toutes ces raisons, je suis très fier d'être avec vous, mes chers compatriotes, cher Lassana. Et avec cette salle, je crois que nous donnons peut-être ce soir l'une des plus belles images de notre pays. »

D'après Maryline Baumard, www.lemonde.fr, 20 janvier 2015.

DOC. 3 Une cérémonie de naturalisation à la préfecture de Haute-Garonne

Ahmed, un Marocain de 48 ans, est arrivé en France à l'âge de 10 ans. Après avoir effectué sa scolarité à Auch, il devient magasinier-vendeur, se marie avec une Française avec laquelle il a trois enfants. Cela ne fait qu'un an qu'il a déposé sa demande de naturalisation. « Aujourd'hui, cette cérémonie, c'est l'aboutissement d'une vie passée en France, raconte-t-il. Je me suis toujours senti Français donc c'est presque un rêve d'avoir enfin cette nationalité. » Le décret de naturalisation en main, Edyth Bognet, une Bolivienne de 39 ans mariée depuis 2006 avec un Français, fond en larmes. « Pour m'intégrer, j'ai pris des cours de français [...]. Les autorités ont vérifié que mon union n'était pas un mariage blanc mais je trouve cela normal car devenir français, c'est intégrer un grand pays. »

D'après Julie Rimbert, www.20minutes.fr, 9 janvier 2014.

Questions

1 **DOC. 1 et 3** Où ont eu lieu ces cérémonies ? En quoi consistent-elles ?

....

....

2 **DOC. 1, 2 et 3** Complétez le tableau ci-dessous.

Volonté de devenir français	Émotions ressenties lors de la cérémonie
....	....
....	....
....	....
....	....

ACTIVITÉ B Des symboles communs à tous les Français

3/b - Connaître les principes, valeurs et symboles de la citoyenneté française.

DOC. 4 *La Marseillaise*

Le 13 janvier 2015, les députés ont observé une minute de silence pour les 17 victimes des attentats à Paris. Puis ils ont chanté La Marseillaise.

La Marseillaise est à l'origine un chant de guerre : c'est une marche militaire. Elle a été écrite par Rouget de Lisle à Strasbourg en 1792. Son titre original était *Chant de guerre pour l'armée du Rhin*. Ce sont des révolutionnaires venant de Marseille qui l'ont diffusée à Paris, d'où son nom de *Marseillaise*. Elle devient hymne national en 1879. Il existe de nombreuses versions : Berlioz en fait une version pour orchestre en 1830. Django Reinhardt et Stéphane Grappelli en ont fait une version jazz (*Echoes of France*) et Serge Gainsbourg une version reggae (*Aux armes et caetara…*).

Texte des auteurs.

DOC. 5 Constitution de la Vᵉ République (1958)

Article 2. La langue de la République est le français.
L'emblème national est le drapeau tricolore, bleu, blanc, rouge.
L'hymne national est *La Marseillaise*.
La devise de la République est « Liberté, Égalité, Fraternité ».
Son principe est le gouvernement du peuple, par le peuple et pour le peuple.

DOC. 6 Le logo de la République française

Liberté • Égalité • Fraternité
RÉPUBLIQUE FRANÇAISE

Questions

1 DOC. 4 et 5 Quelle est la place de *La Marseillaise* dans la République française ?

………

………

2 DOC. 5 Choisissez un autre symbole de la République et complétez le tableau ci-dessous à partir du site www.elysee.fr, rubrique « la présidence », puis « les symboles ».

ACTIVITÉ NUMÉRIQUE

Nom	Origines	Date où il devient symbole officiel	Lieu ou occasion pour le trouver
……………… ………………	……………………………… ………………………………	……………… ………………	……………… ………………

3 DOC. 6 Quels sont les trois symboles de la République réunis dans ce logo ?

………

Je rédige

3/a - Comprendre la diversité des sentiments d'appartenance civiques.

À l'aide des informations trouvées dans les activités A et B, montrez qu'être citoyen français, c'est partager des valeurs et des symboles.

Vocabulaire

* **Naturalisation** : cérémonie durant laquelle un étranger obtient la nationalité française par décision de l'État.

Je comprends les règles :

Droits et devoirs du citoyen

Activité A Le droit de vote, fruit d'une longue histoire

1/b - La loi et la démocratie représentative.

DOC. 1 Le maire remet la carte électorale et le livret du citoyen à Saint-Brès.

Où se déroule cette cérémonie ?

....

Qui préside cette cérémonie ?

....

Lors de la cérémonie de citoyenneté, le maire, a remis aux jeunes de 18 ans nouvellement inscrits sur les listes électorales leur carte d'électeur, accompagné du livret du citoyen. Le maire a rappelé les principes fondamentaux de la République et de la démocratie. Il a évoqué quelques dates historiques sur le droit de vote : « En 1791, le vote était restreint. Seuls les hommes de plus de 25 ans payant un impôt direct avaient le droit de voter. […] En 1848, c'est le rétablissement du **suffrage universel***, qui reste toujours uniquement masculin [à partir de 21 ans et sans condition de richesse]. Le vote devient secret. Le 21 avril 1944, un décret signé par le général de Gaulle octroie le droit de vote aux femmes. En 1974, la majorité légale et donc le droit de vote passent de 21 à 18 ans. »

D'après www.ville-saintbres.fr

DOC. 2 L'évolution de l'**abstention*** aux élections municipales

En %, France métropolitaine

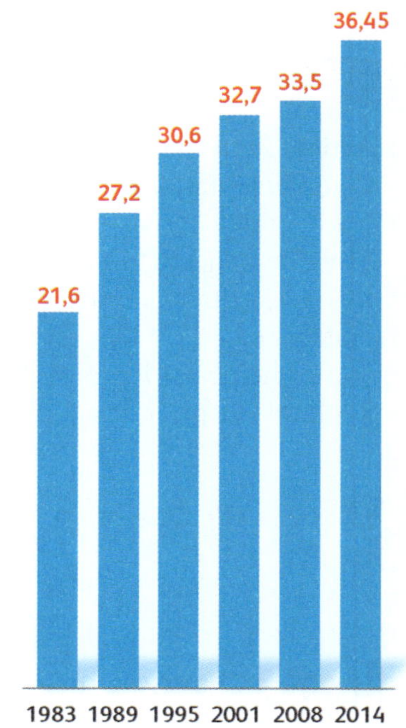

Questions

1 **DOC. 1** Observez la photographie et répondez aux questions dans les cadres.

2 **DOC. 1** Complétez le tableau ci-dessous en relevant l'évolution des conditions du droit de vote en France.

	1791	1848	1944	1974
Conditions de richesse				
Conditions de genre (homme – femme)				
Conditions d'âge				

3 **DOC. 1** D'après vous, pourquoi ces cérémonies sont-elles importantes ?

....

....

4 **DOC. 2** Comment évolue l'abstention en France ?

....

ACTIVITÉ B Les autres droits et devoirs

2 - Comprendre les principes et les valeurs de la République française.

DOC. 3 Extraits du livret du citoyen

Droits du citoyen majeur	Devoirs du citoyen majeur
Droits civiques (droit de vote, de se présenter aux élections, participer au jury d'assises, témoigner, devenir juge).	Respecter la loi : - ce sont les citoyens qui l'ont votée ; - permet de vivre en société et d'éviter la « loi du plus fort ».
- Majorité civile (signer des contrats, décider seul de son orientation scolaire ou professionnelle). - Majorité matrimoniale (se marier sans autorisation parentale). - Majorité pénale (on devient responsable pénalement de ses actions).	- Fraternité : obligation juridique et morale de respecter les autres. - Civisme : connaître et respecter les droits et devoirs du citoyen. - Civilité : politesse, savoir-vivre en communauté.

DOC. 4 Le devoir de payer ses impôts

Article 13. Pour l'entretien de la force publique, et pour les dépenses d'administration, une contribution commune est indispensable : elle doit être également répartie entre tous les citoyens, en raison de leurs facultés.

Déclaration des droits de l'homme et du citoyen, août 1789.

Questions

1 DOC. 3 Quel est le principal nouveau droit acquis par les citoyens français à 18 ans ?

....

2 DOC. 3 Pourquoi ce droit est-il à la fois un droit et un devoir moral ?

....

....

....

3 DOC. 3 Soulignez en rouge le droit et le devoir qui vous paraissent les plus importants.

4 DOC. 3 Quels devoirs s'appliquent aussi aux mineurs comme vous ? Pourquoi ?

....

....

....

5 DOC 4 Soulignez en bleu à quoi doit servir l'impôt.

6 DOC. 4 Soulignez en vert qui doit payer des impôts.

7 DOC. 4 Soulignez en **noir** comment l'impôt est calculé.

Je rédige

2 - Comprendre les principes et les valeurs de la République française.

À l'aide des informations trouvées dans les activités A et B, montrez que les citoyens français ont des droits et des devoirs.

Vocabulaire

*** Suffrage universel** : droit de vote accordé à tous les citoyens.

*** Abstention** : oubli ou refus de participer à un vote.

Je débats :
Un État laïque doit-il avoir des jours fériés pour chaque religion ?

ACTIVITÉ A

Je prépare le débat

1/b - Comprendre les enjeux de la laïcité.

DOC. 1 Jours fériés et fêtes religieuses à La Réunion

Le 23 janvier 2015, six députés d'outre-mer proposent de mieux répartir les jours fériés, notamment pour ceux qui ne sont pas catholiques, comme les hindous* et les musulmans.

La députée Erika Bareigts rappelle que La Réunion est une île multiculturelle : c'est le fruit de l'histoire du peuplement de l'ancienne colonie. Dans ce contexte, il serait paradoxal qu'une « République laïque* ne donne un statut légal qu'à une seule religion dans le calendrier ».

Le président du conseil réunionnais du culte hindou rappelle que « les jours fériés n'appartiennent pas aux catholiques, mais à la République. [...] Jusqu'à présent, on est obligé de se débrouiller avec son patron pour aller prier dans les temples, ce n'est pas normal ». Les hindouistes réclament le 14 avril comme jour férié : il correspond au jour de l'an tamoul.

La communauté musulmane de La Réunion souhaiterait que l'Aïd el Kebir devienne férié. L'évêque catholique de La Réunion, Monseigneur Aubry, y est tout à fait favorable : « Il faut aujourd'hui qu'on traduise dans les faits notre vivre-ensemble. » Il propose, pour La Réunion, de substituer trois jours : le lundi de Pâques, le lundi de Pentecôte et le jeudi de l'Ascension : « Ce ne sont pas vraiment des fêtes religieuses. »

D'après www.lexpress.fr, Laurent Decloitre, le 13/02/2015.

DOC. 2 Une cérémonie hindoue de marche sur le feu

DOC. 3 Constitution de la Ve République de 1958

Article 2. La France est une République indivisible, laïque, démocratique et sociale. Elle assure l'égalité devant la loi de tous les citoyens sans distinction d'origine, de race ou de religion. Elle respecte toutes les croyances.

Article 73. Dans les départements et les régions d'outre-mer, les lois et règlements sont applicables de plein droit. Ils peuvent faire l'objet d'adaptations tenant aux caractéristiques et contraintes particulières de ces collectivités.

Questions

1. **DOC. 1 et 2** Quelle proposition est faite par les six députés ?

2. **DOC. 1** Expliquez la phrase soulignée en noir.

3. **DOC. 1 et 3** Pourquoi pourrait-il exister des jours fériés différents sur le territoire français ? En quoi cela permet-il l'application de la laïcité ?

4 À partir d'un calendrier (sur votre agenda par exemple), complétez le tableau ci-dessous :

Jours fériés d'origine religieuse	Jours fériés civils
....	....
....	....
....	....
....	....
....	....
....	....

ACTIVITÉ B Je participe au débat

☐ 1/b - Comprendre les enjeux de la laïcité.

Méthode

a À l'aide des réponses de l'activité A, la classe débat du sujet.

b Je note toutes les idées du débat sur les deux fiches ci-contre.

c J'entoure les arguments qui me semblent les plus intéressants.

“ Un État laïque doit-il avoir des jours fériés pour chaque religion ? ”

Oui, un État laïque doit avoir des jours fériés pour chaque religion, **car** :

....
....
....
....
....
....
....
....
....

Non, un État laïque ne doit pas avoir des jours fériés pour chaque religion, **car** :

....
....
....
....
....
....
....
....
....

Je fais le bilan

☐ 1- Développer les aptitudes à la réflexion critique.

À partir des notes prises pendant le débat, résumez votre point de vue sur le sujet.

Vocabulaire

* **Hindou** : qui pratique l'hindouisme, religion polythéiste d'origine indienne.
* **Laïque** : qui ne favorise aucune religion, tout en respectant toutes les religions et en les plaçant dans la vie privée et non dans la vie publique.

Thème 1

Je passe à l'action :
Je réalise un projet citoyen

ACTIVITÉ A

Je découvre des projets citoyens au collège

2/c – Comprendre la relation entre l'engagement des citoyens dans la cité et l'engagement des élèves dans l'établissement.

DOC. 1 Des élèves de SEGPA du collège Paul-Gauthier à Cavaillon préparent la « Journée nationale de la laïcité »

Les Sections d'Enseignement Général et Professionnel Adapté (SEGPA) sont des classes d'élèves en grande difficulté scolaire.

Questions

1 DOC. 1 Quelles valeurs ont été choisies par ces élèves pour représenter la laïcité ?

....

2 DOC. 1 Pourquoi peut-on dire que ces élèves ont déjà un comportement citoyen ?

....

....

ACTIVITÉ B

Je découvre des journées et des semaines officielles

2/a - Expliquer le sens et l'importance de l'engagement.

Complétez le tableau ci-dessous.

	Dates	Actions possibles
Semaine de la presse et des médias dans l'école	....	....
Semaine de lutte contre le racisme et l'antisémitisme	....	....
Semaine/Journée de mon choix :	....	....

Pour trouver des idées de projet, navigue sur le site www.un.org/fr dans la rubrique « Célébrations ».

ACTIVITÉ C Je présente un projet citoyen autour d'une journée officielle

2/c – Comprendre la relation entre l'engagement des citoyens dans la cité et l'engagement des élèves dans l'établissement.

Je complète la fiche ci-contre.

Nom du projet :

Logo et slogan du projet :

Date du projet :

Objectifs du projet :

Actions concrètes envisagées :

Listes des besoins :

Partenaires possibles :

Méthode

a Je choisis une journée ou une semaine spécifique parmi celles trouvées précédemment.

b Je présente mon travail à la classe, qui pourra voter pour le meilleur projet.

c Nous nous organisons ensuite en équipe pour nous répartir le travail.

ACTIVITÉ D Je communique autour de notre projet

2/a - Expliquer le sens et l'importance de l'engagement.

Je complète le schéma en suivant la méthode ci-dessous.

Méthode

a J'indique le nom de notre action au centre du schéma ci-contre.

b Je complète le reste du schéma avec des idées précises (noms de journaux, adresses Internet, personnes à contacter…).

c J'attache à chaque projet le nom des élèves en charge de ce moyen de communication.

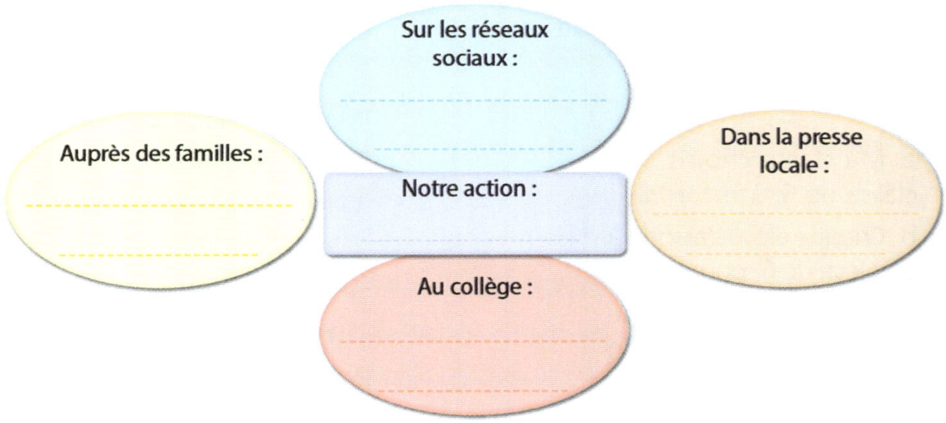

ACTIVITÉ E Je fais le bilan du projet citoyen

1/a - Expliquer le lien entre l'engagement et la responsabilité.

Je complète le tableau ci-dessous.

Les points positifs à conserver la prochaine fois	Les points à améliorer la prochaine fois

Thème 1

Je passe à l'action :
Je mets en place un tutorat entre les élèves de 3e et de 6e

Activité A — Je réfléchis sur l'aide à apporter

1/a - Expliquer le lien entre l'engagement et la responsabilité.

Je complète le schéma ci-contre.

Méthode

a Avec ma classe, je liste toutes les aides que nous pourrions apporter à des 6e.

b J'entoure les aides que je me sens capable d'apporter personnellement.

De quelles aides les 6e ont-ils besoin ?

- Méthodologie : ....
- Travail : ....
- Soutien : ....
- Conseils : ....

Activité B — Je fais la connaissance d'un élève de 6e

1/a - Expliquer le lien entre l'engagement et la responsabilité.

Je complète la fiche d'informations en suivant la méthode ci-dessous.

Méthode

a Ma classe choisit une classe de 6e à tutorer.

b Chaque élève s'associe à un élève de 6e pour l'aider.

c Je complète la fiche en discutant avec mon binôme de 6e.

d Je conserve précieusement ces informations pour pouvoir organiser notre travail.

Fiche d'informations de mon binôme

NOM (en majuscules) : ....

Prénom(s) : ....

Ville(s) ou quartier(s) de résidence : ....

....

Adresse(s) : ....

Numéro(s) de téléphone fixe : ....

Numéro(s) de téléphone portable : ....

Adresse e-mail : ....@..............................

Nom du professeur principal : ....

Horaires disponibles dans son emploi du temps : ....

....

Matières où il est plutôt à l'aise : ....

....

Matières où il est plutôt en difficulté : ....

....

Loisirs, sports pratiqués : ....

Jeux, livres, films, musiques préférés : ....

Problèmes personnels possibles : ....

....

ACTIVITÉ C J'organise mon tutorat

1/a - Expliquer le lien entre l'engagement et la responsabilité.

Je complète les cadres ci-contre.

Méthode

a Nous faisons relire les informations ci-contre à nos professeurs principaux.

b Nous demandons les autorisations pour commencer le tutorat.

Jour de réunion : .... Horaires de réunion : .... Lieu de réunion :	Matériel à prévoir : ....
Déroulement d'une séance de tutorat :	
Aide à apporter :	

ACTIVITÉ D Je rédige un compte-rendu du travail de tutorat

1 - S'engager et assumer des responsabilités.

À la fin de mon tutorat avec mon binôme de 6e, je dresse un bilan de mon action en expliquant :

Ce que le tutorat m'a apporté ou appris	Ce que le tutorat lui a apporté ou appris
....	....
....	....
....	....

Je fais le bilan du thème 1

À l'aide de l'ensemble des informations des **pages 4 à 13**, je complète le schéma ci-dessous en notant les éléments à retenir (*idées principales, dates, mots importants*).

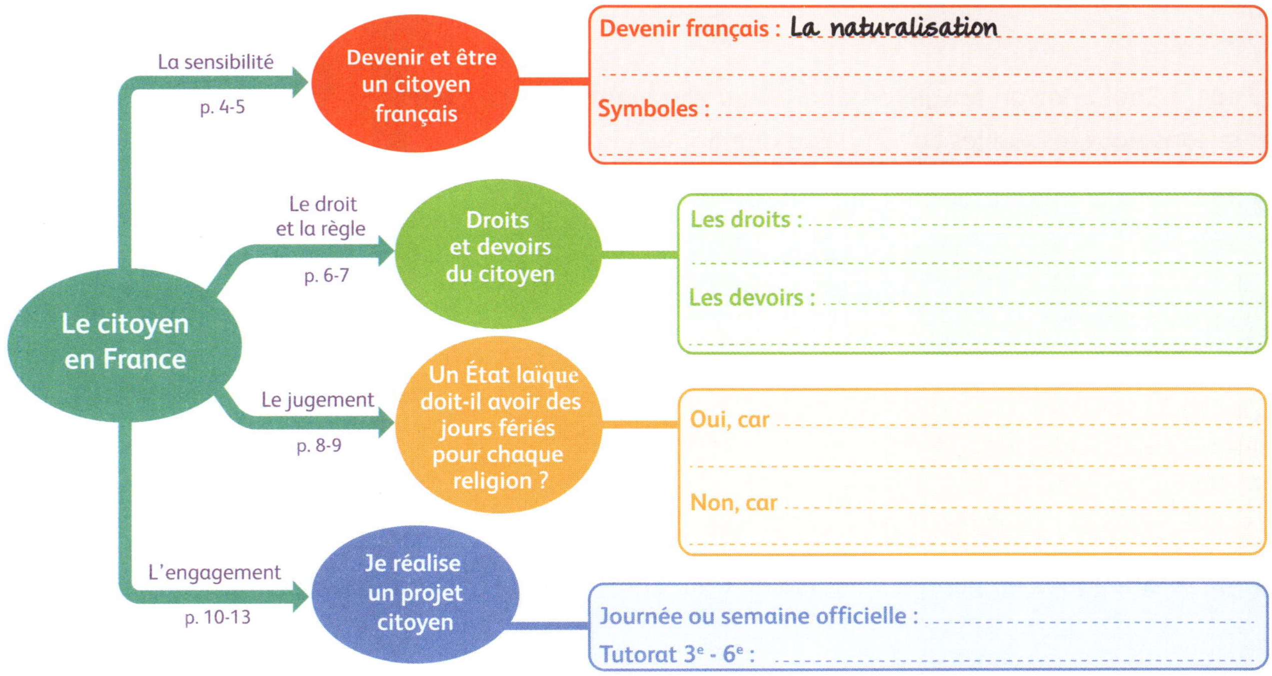

Je suis sensible à une situation :
Des valeurs et des symboles partagés par des citoyens européens

ACTIVITÉ A Des valeurs qui rapprochent les Européens

3/b - Connaître les principes, valeurs et symboles de la citoyenneté européenne.

DOC. 1 Lovisa, une citoyenne européenne

Lovisa lors de son discours final au Parlement de Stockholm (Suède) en février 2014.

« Je viens d'avoir 18 ans. Je suis née à Göteborg en Suède et je parle en suédois avec ma famille. J'ai quitté la Suède cette année pour passer le baccalauréat français et apprendre la langue française. J'ai déjà visité de nombreux pays européens en tant que citoyenne européenne.
Pendant deux ans en Suède, j'ai participé au Parlement européen des Jeunes. Cela permet aux lycéens d'expérimenter concrètement la démocratie et de mieux comprendre le fonctionnement de l'Union européenne. C'est un concours où des lycéens volontaires discutent d'un problème précis sur des sujets comme l'environnement, l'agriculture ou les droits des Européens. Les débats doivent aboutir à des solutions concrètes. Les lycéens sont sélectionnés lors de leur discours en anglais. Les propositions sont envoyées directement au Parlement européen qui peut en discuter. Je me sens aujourd'hui pleinement citoyenne européenne. »

Témoignage de Lovisa, élève au lycée Maurice Genevoix à Bressuire, interviewée par les auteurs.

DOC. 2 Les valeurs de l'Union européenne

L'Union est fondée sur les valeurs de respect de la dignité humaine, de liberté, de démocratie, d'égalité, de l'État de droit, ainsi que de respect des droits de l'homme, y compris des droits des personnes appartenant à des minorités. Ces valeurs sont communes aux États membres dans une société caractérisée par le pluralisme*, la non-discrimination, la tolérance, la justice, la solidarité et l'égalité entre les femmes et les hommes.

Article 2 du Traité sur l'Union européenne, 2007.

Questions

1. **DOC. 1** Quelle est la nationalité de Lovisa ?

....

2. **DOC. 1** Soulignez en rouge les langues qu'elle maîtrise et en bleu les raisons pour lesquelles Lovisa passe une année en France.

3. **DOC. 1 et 2** Complétez le tableau ci-dessous.

	La liberté, une valeur de l'UE	La démocratie, une valeur de l'UE
Les actions de Lovisa pour illustrer ces valeurs	....	....

4. **DOC. 2** Soulignez en vert les valeurs de l'Union européenne qui vous paraissent les plus importantes.

ACTIVITÉ B Les symboles de l'Union européenne

3/b - Connaître les principes, valeurs et symboles de la citoyenneté européenne.

DOC. 3 Le drapeau européen

Elle montre la volonté de paix qui unit les Européens. Elle reconnaît la diversité des cultures et des langues. Ce symbole a été traduit dans les 24 langues officielles de l'Europe.

DOC. 4 L'hymne européen

Elle célèbre la paix et l'unité en Europe. Elle commémore le discours prononcé par Robert Schuman en 1950 : il proposait la première union pacifique* entre la France et l'Allemagne.

DOC. 5 Journée de l'Europe

L'« Ode à la joie » est issue de la *Neuvième symphonie* composée par Beethoven en 1823. L'hymne exalte les idéaux de liberté, de paix et de solidarité en Europe.

DOC. 6 Devise européenne (dans quelques langues européennes)

In Vielfalt geeint (allemand)
United in diversity (anglais)
Moninaisuudessaan yhtenäinen (finnois)
Unie dans la diversité (français)
Unida en la diversidad (espagnol)

Il symbolise l'Union européenne et ses valeurs. Le cercle évoque l'unité. Chaque étoile a la même taille et la même couleur, symbole d'unité. Le nombre 12 représente l'harmonie.

D'après europa.eu

Questions

1. **DOC. 3, 4, 5 et 6** Dans les cadres à droite, soulignez en **rouge** les valeurs de l'Union européenne.
2. **DOC. 3, 4, 5 et 6** Reliez les symboles de l'Union européenne au texte correspondant.
3. **DOC. 2 et 6** Proposez votre devise pour l'Union européenne.

Je rédige

2/a - Comprendre la diversité des sentiments.

À l'aide des informations trouvées dans les activités A et B, montrez qu'être Européen c'est partager des valeurs et des symboles.

Vocabulaire

* **Pluralisme :** coexistence de différentes opinions (qui se tolèrent et se respectent).
* **Pacifique :** qui favorise la paix.

Je comprends les règles :
Des institutions communes

ACTIVITÉ A Des députés européens contre la pêche aux ailerons de requins

1/b - Identifier les grandes étapes du parcours d'une loi.

DOC. 1 Une pêche pratiquée par des bateaux européens

Les navires de l'Union européenne débarquent tous les ans plus de 100 000 tonnes de requins. Le *finning* est une activité jugée « barbare » : elle consiste à pêcher des requins pour leur couper uniquement les nageoires, qui serviront à la préparation de soupes. Les animaux, amputés, sont ensuite rejetés en mer où ils agonisent.

D'après Christophe Magdelaine, www.notre-planete.info.

DOC. 2 Un député européen intervient au Parlement européen contre le *finning*

Younous Omarjee est député européen élu du secteur Mayotte-Réunion.

« Monsieur le Président, je soutiens sans réserve les propositions de la Commission sur le *finning*. Je garde à l'esprit que la pratique barbare du *finning* a entraîné une surpêche. Je garde à l'esprit que 73 espèces de requin sont menacées. [...] Nous ne pouvons donc pas être cette espèce – l'espèce humaine – qui sacrifie une autre espèce pour des intérêts économiques ainsi que pour satisfaire aussi le plaisir d'une soupe, qui n'est même pas bonne. »

Intervention au Parlement européen, 21 novembre 2012, www.europarl.europa.eu.

DOC. 3 Les étapes pour une interdiction totale du *finning* en Europe

2003 : La Commission européenne interdit le *finning*. Les fraudes sont toujours possibles : les navires peuvent encore débarquer les ailerons sans les requins.

2006 : Le Parlement européen demande une amélioration du règlement*.

2010 : La Commission européenne fait une nouvelle proposition qui est approuvée par le Conseil européen.

2012 : le 22 novembre, le Parlement européen vote un nouveau règlement : les ailerons doivent être débarqués avec la carcasse du requin tué.

Questions

1. **DOC. 1 et 2** En quoi consiste le *finning* ? Pourquoi est-il considéré comme « barbare » ?

....

....

....

2. **DOC. 1 et 3** Quelle solution l'Union européenne a-t-elle adoptée pour mettre fin au *finning* ?

....

....

3. **DOC. 2 et 3** Soulignez en rouge les différentes institutions européennes qui sont intervenues.

ACTIVITÉ B Les institutions de l'Union européenne

2 – Comprendre les principes et les valeurs des sociétés démocratiques.

DOC. 4 L'organisation des institutions européennes

POUVOIR EXÉCUTIF*

Commission européenne

- 28 commissaires.
- Représente l'UE sur la scène internationnale.
- Veille à l'application des politiques de l'Union.

Conseil européen

- 28 chefs d'États et de gouvernement.
- Fixe les grandes orientations et les politiques de l'UE.

POUVOIR LÉGISLATIF*

Parlement européen

- 751 députés européens élus par les citoyens européens.
- Représente les peuples européens en fonction de leur population.

Conseil de l'Union européenne

- 28 ministres délégués selon leur spécialité.
- Organise la coopération entre les gouvernements.

Contrôle (Parlement européen → Commission européenne)

Nomme (Conseil européen → Commission européenne)

Propose les règlements et directives (Commission européenne → Parlement européen et Conseil de l'Union européenne)

Votent les règlements et directives** (Parlement européen et Conseil de l'Union européenne)

Questions

1 **DOC. 4** Soulignez en **rouge** le nom des grandes institutions de l'Union européenne.

2 **DOC. 4** Complétez le tableau ci-dessous en indiquant quelle institution représente…

… les peuples européens	....
… les États européens	....
… les gouvernements européens	....
… l'ensemble de l'Union européenne	....

Vocabulaire

* **Règlement** : loi européenne qui s'applique directement dans tous les États membres.
* **Pouvoir exécutif** : pouvoir de faire appliquer les lois.
* **Pouvoir législatif** : pouvoir de discuter et de voter les lois.
* **Directive européenne** : texte juridique qui fixe des objectifs aux États membres de l'Union européenne.

Je rédige

2 – Comprendre les principes et les valeurs des sociétés démocratiques.

À l'aide des informations trouvées dans les activités A et B, montrez comment les décisions des institutions européennes sont prises démocratiquement.

Je réfléchis avec ma classe :

Comment peut-on se définir comme citoyen européen ?

ACTIVITÉ A Je réfléchis au sujet

2/a - Reconnaître les grandes caractéristiques d'un État démocratique.

DOC. 1 Témoignage de Manuella, une Belge en Ariège

« Je suis belge et j'habite en France. Je suis venue dans le Sud-Ouest de la France en 2002, l'année de l'introduction de l'euro comme monnaie européenne. Je suis venue pour des raisons affectives et professionnelles. C'est facile : tu prends tes bagages dans un pays, tu les poses dans un autre. Du moment que tu es citoyen européen, tu vas où tu veux en Europe. Je suis née en Belgique, mais italienne ! Et je suis restée italienne jusqu'à l'âge de 9 ans au moment où mon père, italien, né, marié et travaillant en Belgique a choisi d'opter pour la nationalité belge. De droit, ses enfants sont devenus belges en même temps que lui. Ma mère est née luxembourgeoise, puis italienne lors de son mariage ; elle est devenue belge plus tard car la naturalisation n'est pas automatique. Personnellement, je n'ai pas d'attache particulière à la nationalité*. Et si les gens me demandent d'où je viens... je commence par dire "c'est compliqué". Je dis tout de même que je suis belge. Indépendamment d' une nationalité, qui pour moi est une formalité, on appartient quand même à une culture. On est né dans un endroit, on en est très imprégné. »

Témoignage de Manuella, interviewée par les auteurs.

DOC. 2 La citoyenneté européenne définie par le droit européen

Article 20

1. Il est institué une citoyenneté de l'Union. Est citoyen de l'Union toute personne ayant la nationalité d'un État membre. La citoyenneté de l'Union s'ajoute à la citoyenneté nationale et ne la remplace pas.

2. Les citoyens de l'Union jouissent des droits et sont soumis aux devoirs prévus par les traités.

Ils ont, entre autres :

a) le droit de circuler et de séjourner librement sur le territoire des États membres.

Traité sur le fonctionnement de l'Union européenne, 2007.

Questions

1 DOC. 1 Soulignez en rouge les nationalités que Manuella a eues au cours de sa vie.

2 DOC. 2 Relevez la phrase qui explique que Manuella soit une citoyenne européenne.

....

....

3 DOC. 1 Pourquoi peut-on dire que l'histoire familiale de Manuella est européenne ?

....

....

4 DOC. 1 et 2 Lisez la phrase soulignée dans le doc. 2, puis soulignez en bleu le passage dans le témoignage (doc. 1) qui montre l'application de ce droit.

5 DOC. 1 et 2 D'après le témoignage de Manuella, qu'est-ce qui constitue la citoyenneté et l'identité d'une personne ?

☐ La nationalité, la culture et le lieu de naissance.

☐ La nationalité avant tout.

☐ La nationalité, le nom de famille et le lieu de vie.

6 Vous souhaitez que les Européens puissent se parler plus facilement et mieux se comprendre. Vous envisagez trois scénarios :

- **Scénario 1 :** vous proposez le maintien du multilinguisme* dans les institutions. Vous souhaitez que tous les Européens apprennent plusieurs langues européennes.
- **Scénario 2 :** vous proposez d'adopter l'anglais comme langue commune. Chacun pourra continuer à parler dans sa langue mais utilisera l'anglais pour s'adresser à n'importe quel autre Européen.
- **Scénario 3 :** vous proposez une langue commune qui ne soit pas une des langues nationales. Cette langue internationale pourrait être l'espéranto.

7 Pour chacun de ces scénarios, donnez un argument favorable et un argument défavorable à ces propositions.

	Scénario 1 Multilinguisme	**Scénario 2** Anglais, langue unique	**Scénario 3** Langue internationale comme l'espéranto
Argument pour			
Argument contre			

ACTIVITÉ B La classe réfléchit au sujet

1 - Développer les aptitudes à la réflexion critique.

« Comment peut-on se définir comme citoyen européen ? »

Je fais le bilan

Avec l'ensemble de la classe, rédigez une réponse commune à la question posée ci-dessus.

Vocabulaire

* **Nationalité :** appartenance légale à un État.
* **Multilinguisme :** coexistence de plusieurs langues dans un territoire.

Thème 2

Je passe à l'action :

Je corresponds avec une classe d'un autre pays européen

Activité A Nous proposons un projet

☐ 1 - S'engager et assumer des responsabilités.

Je complète le schéma ci-dessous en suivant la méthode.

Méthode

a Avec la classe, je réfléchis à des projets que nous pourrions réaliser : correspondance, documentaire, journal…

b Je peux aller consulter des projets déjà réalisés sur le site www.etwinning.fr dans la rubrique « Découvrir ».

c Nous votons pour le meilleur projet puis nous le décrivons ci-dessous.

d Nous demandons l'accord de notre principal(e) avant de mettre en place notre projet.

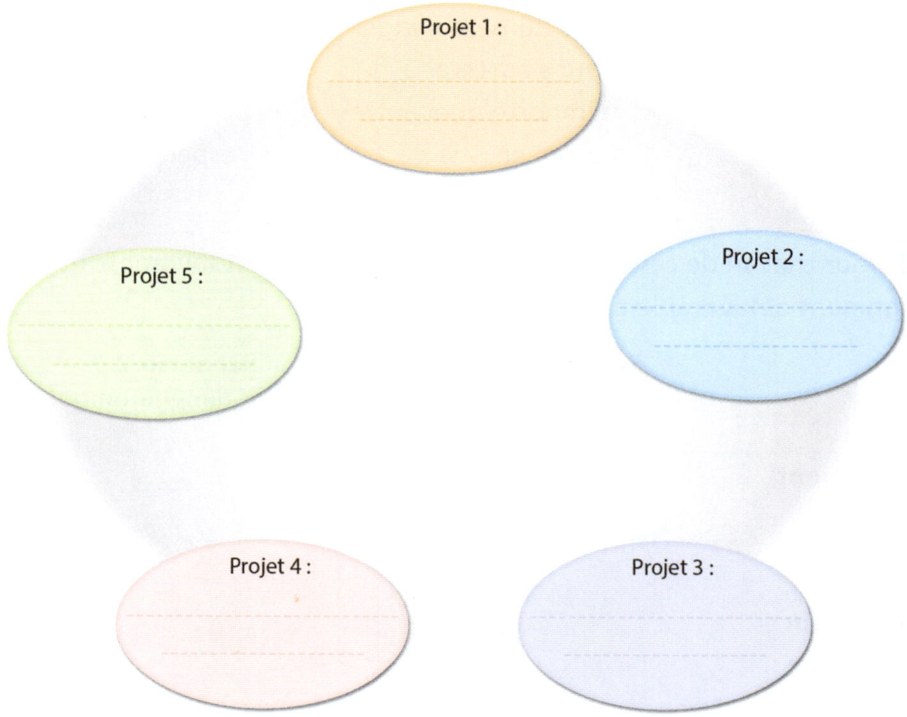

Titre de notre projet :

Description de notre projet :

Activité B Nous inscrivons notre projet sur eTwinning

☐ 1 - S'engager et assumer des responsabilités.

Questions

1. Avec notre professeur, nous créons une adresse mail pour la classe.
2. Nous utilisons cette adresse mail pour inscrire notre classe sur www.eTwinning.fr

Activité numérique

3. Une fois connectés, nous renseignons notre profil : établissement, niveau de classe, idée de projet…
4. Afin de mettre en route notre projet, nous devons trouver un partenaire dans un pays européen dans le menu « Rechercher des eTwinneurs ».

ACTIVITÉ C Nous échangeons avec nos partenaires européens

1 - S'engager et assumer des responsabilités.

J'utilise le cadre ci-dessous comme brouillon avant de correspondre avec d'autres élèves européens.

ACTIVITÉ NUMÉRIQUE

Méthode

a Une fois le projet validé, tous les élèves doivent être inscrits sur Twinspace.

b Chacun peut alors communiquer avec les élèves de l'autre classe européenne par un chat, un forum ou une messagerie.

c Nous nous présentons en envoyant notre photo de classe accompagnée d'un texte nous décrivant chacun. Nos partenaires devront deviner qui nous sommes sur la photographie.

Je me décris sur la photo de classe (en français ou en en anglais) en donnant des indices pour qu'on puisse me reconnaître :

....

....

....

....

....

....

....

....

....

....

....

....

Je fais le bilan du thème 2

À l'aide de l'ensemble des informations des **pages 14 à 21**, je complète le schéma ci-dessous en notant les éléments à retenir (*idées principales, dates, mots importants*).

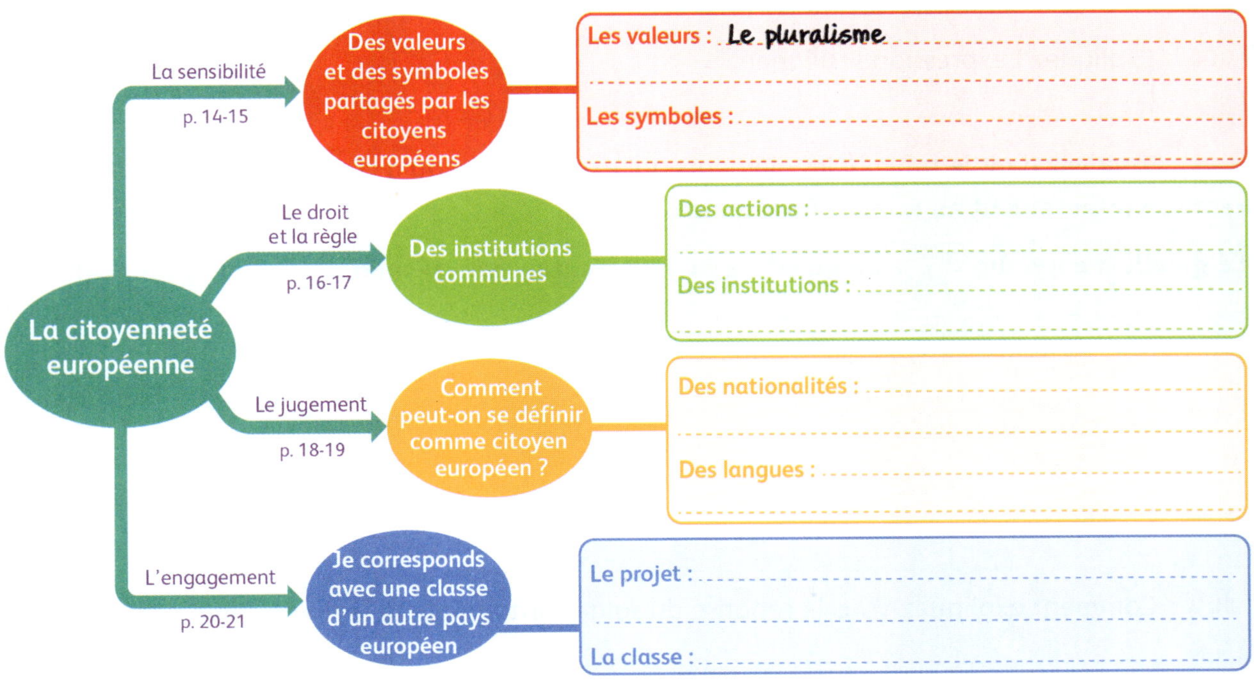

Je suis sensible à une situation :

Le parcours d'une femme pour la démocratie : Simone Veil

ACTIVITÉ A Simone Veil, victime de la barbarie nazie

☐ 1/a - Exprimer des sentiments moraux.

DOC. 1 « Nous ne sommes plus que des numéros »

Simone Veil n'avait pas 17 ans quand elle a été déportée à Auschwitz-Birkenau, en mars 1944. Auschwitz-Birkenau était un camp de concentration et un centre de mise à mort, situé au sud de la Pologne. Plus d'1,1 million de personnes y ont été exterminées.

« J'ai été arrêtée à Nice le 29 ou le 30 mars 1944. [Jusqu'à Drancy], le voyage s'effectuait dans un train de voyageurs. [...] Nous avons quitté Drancy dans un wagon à bestiaux. Le voyage vers Auschwitz a duré près de trois jours.

On arrivait à Auschwitz-Birkenau dans la nuit. [...] Poussés brutalement hors des wagons par des hommes en tenue de bagnards, nous étions affolés par les cris et les aboiements des chiens. [...]

Nous avions dû laisser tous nos bagages [...]. Des déportées nous ont accueillies en disant : "De toute façon, on va tout vous prendre." [...] Ensuite c'est le tatouage sur le bras gauche : **nous ne sommes plus que des numéros**. [...]

Pendant des heures, nous sommes restées assises nues, jusqu'à ce qu'on passe à la douche, tantôt brûlante, tantôt froide, soi-disant pour nous désinfecter. [...] L'appel durait des heures le matin et le soir. À Birkenau, je n'ai jamais fait que des travaux de terrassement épuisants mais inutiles. On portait des pierres [...] ou on creusait des fossés. On n'a jamais su, ni compris, à quoi servait ce qu'on faisait. [...]

Le soir du 18 janvier 1945, quelques jours avant l'arrivée des Russes que l'on pensait imminente du fait du bruit des canons et de la lueur du front, nous sommes partis à pied. [...] On a marché sur la route enneigée par des températures glaciales. Beaucoup sont morts, tombant d'épuisement ou de froid, parfois achevés par les SS. [...]

Le 15 avril 1945, les Britanniques ont libéré le camp. Personne n'était en état de se réjouir. On avait tous perdu des proches. J'ai seulement pleuré. Je n'avais pas 18 ans et un Anglais m'a demandé si j'avais de la famille ou des enfants. Je lui ai répondu : "Quel âge me donnez-vous ?" Il a cru être poli en disant 40 ou 45 ans. »

Témoignage de Simone Veil, *Le Monde 2*, 29 janvier 2005.

Questions

1 **DOC. 1** Expliquez l'expression soulignée.

2 **DOC. 1** Inscrivez dans le tableau les éléments qui expriment ce qu'a vécu et ressenti Simone Veil durant son internement au camp d'Auschwitz-Birkenau.

Ce qu'elle a entendu	Ce qu'elle a vu	Sentiments et émotions	Conditions difficiles

3 **DOC. 1** Comment expliquez-vous la réponse du soldat britannique à la fin du témoignage ?

ACTIVITÉ B Simone Veil s'engage dans la défense des valeurs démocratiques

3 - Se sentir membre d'une collectivité.

DOC. 2 Ses engagements pour la démocratie*

- **1956**, travaille au ministère de la Justice.
- **1974 à 1979** ministre de la Santé dans plusieurs gouvernements.
- **1975** loi légalisant l'interruption volontaire de grossesse (IVG).
- **1979 à 1984** députée au Parlement européen.
- **1979 à 1982** présidente du Parlement européen.
- **2000 à 2007** présidente de la Fondation pour la mémoire de la Shoah*.
- **2008** présidente du Conseil de direction du Fonds de la Cour pénale internationale au profit des victimes de guerre.
- **2010** présidente d'honneur des États généraux de la femme.

DOC. 3 Première femme élue présidente du Parlement européen en 1979

DOC. 4 Présidente d'honneur des États généraux de la femme en mai 2010

Simone Veil a présidé les États généraux de la femme. Pendant sept mois et dans cinq villes, des débats ont porté sur la situation des droits de la femme en France. Ils aboutissent à la rédaction d'un livre Blanc de 24 propositions remis au Premier ministre. Ces propositions ont pour but d'améliorer la condition féminine, notamment en luttant contre les stéréotypes sexistes, en créant un Observatoire sur les violences faites aux femmes ou en formant un gouvernement paritaire femmes-hommes.

D'après www.parismatch.com, le 7 mai 2010.

Questions

1. DOC. 2 Soulignez en rouge les éléments de l'engagement de Simone Veil pour la paix et la justice.
2. DOC. 2 et 3 Soulignez en bleu les éléments de son engagement pour la démocratie.
3. DOC. 2 et 4 Soulignez en vert les éléments de son engagement dans la défense des droits des femmes.
4. DOC. 2, 3 et 4 Montrez que l'engagement de Simone Veil ne se limite pas à la France.

....

....

....

Vocabulaire

* **Démocratie** : régime politique dans lequel le pouvoir est exercé par le peuple.
* **Shoah** : mot hébreu désignant le génocide des Juifs par les nazis pendant la Seconde Guerre mondiale.

Je rédige

1/a - Exprimer des sentiments moraux.

À l'aide des informations trouvées dans les activités A et B, expliquez ce qui vous a marqué dans le parcours de Simone Veil et dans son combat pour la démocratie.

Thème 3

Je comprends les règles :

Les institutions de la Ve République

ACTIVITÉ A

Simone Veil et la loi sur l'interruption volontaire de grossesse (1974)

1/b - Identifier les grandes étapes du parcours d'une loi.

DOC. 1 Discours de présentation de la loi à l'Assemblée nationale (26 novembre 1974)

Simone Veil, ministre de la Santé, commence le discours de présentation de la loi devant les députés :

« Je voudrais tout d'abord vous faire partager une conviction de femme. Je m'excuse de le faire devant cette assemblée presque exclusivement composée d'hommes. Aucune femme ne recourt de gaîté de cœur à l'avortement. Il suffit d'écouter les femmes. C'est toujours un drame, cela restera toujours un drame. »

Lieu où se déroule la scène : ....

Qui siège ici ? ....

DOC. 2 Extrait de la loi du 17 janvier 1975 relative à l'interruption volontaire de grossesse

Article L. 162-1 La femme enceinte que son état place dans une situation de détresse peut demander à un médecin l'interruption de sa grossesse. Cette interruption ne peut être pratiquée qu'avant la fin de la dixième semaine de grossesse.

Questions

1. DOC. 1 Sur la photographie, entourez en rouge la ministre et complétez les deux cadres.
2. DOC. 2 En quoi consiste la loi du 17 janvier 1975 ?

....

....

....

3. DOC. 1 et 2 Combien de temps s'est écoulé entre la présentation de la loi et son adoption ?

....

....

4. DOC. 1 et 2 En quoi l'adoption de la loi sur l'avortement s'est-elle faite de manière démocratique ?

....

....

....

....

ACTIVITÉ B Les principes et l'organisation des institutions de la Ve République

2 - Comprendre les principes et les valeurs de la République française.

DOC. 3 Le parcours de la loi Veil en 1974-1975

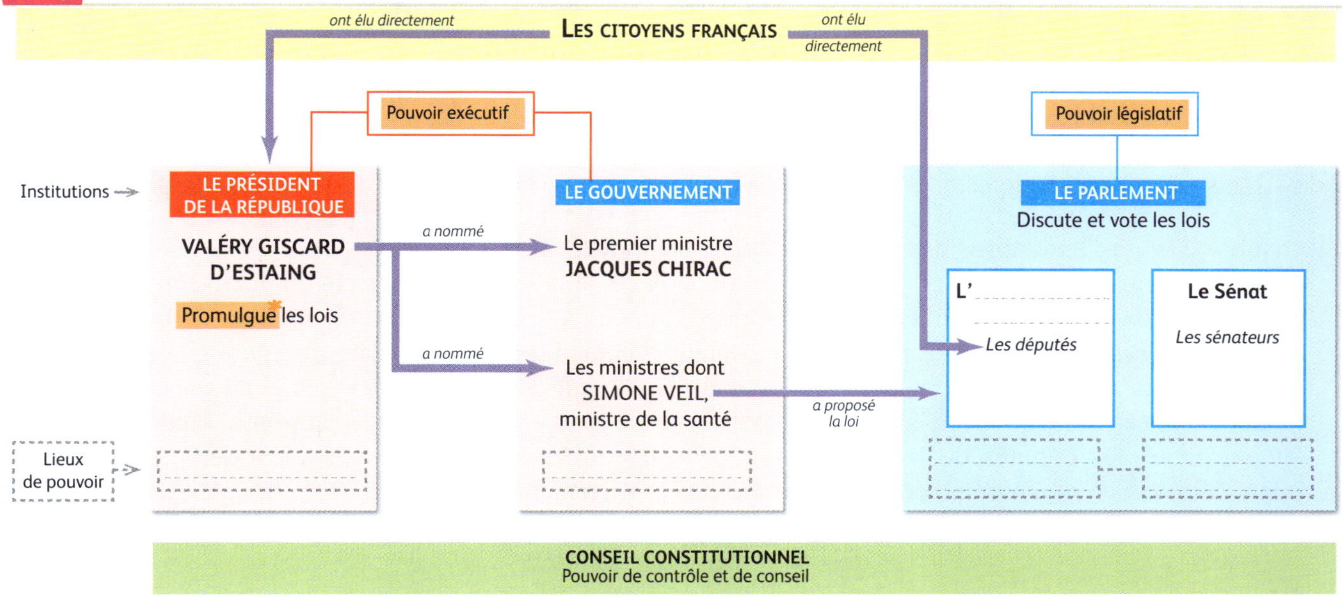

Questions

1. **DOC. 1 et 3** Au moment du vote de la loi de 1975, quel poste occupe Simone Veil ?

....

2. **DOC. 3** Entourez en **rouge** l'institution dans laquelle elle travaille à ce moment-là.

3. **DOC. 3** Qui l'a nommée à ce poste ?

....

4. **DOC. 1 et 3** Indiquez dans le schéma ci-dessus le nom de l'Assemblée qui a discuté puis voté cette loi.

5. **DOC. 3** À l'aide du site www.vie-publique.fr, rubriques « Repères » puis « Découverte des institutions », cliquez sur l'animation « Les lieux de pouvoirs à Paris ». Complétez sur le schéma ci-dessus les lieux où sont les différentes institutions. (ACTIVITÉ NUMÉRIQUE)

6. **DOC. 3** Quelle institution contrôle et surveille le fonctionnement de notre démocratie ?

....

....

Je rédige

2 - Comprendre les principes et les valeurs des sociétés démocratiques.

À l'aide des informations trouvées dans les activités A et B, montrez que les institutions de la Ve République permettent le débat et le vote démocratique de la loi.

Vocabulaire

* **Promulguer** : publier, diffuser une loi auprès de la population et la faire appliquer.

Je débats :

Les femmes ont-elles la même place que les hommes en politique ?

Activité A Je prépare le débat

☐ 1/a - Les différentes formes de discrimination.

DOC. 1 Le sexisme en politique

Octobre 2013, à l'Assemblée nationale. Le député Philippe Le Ray imite le caquètement d'une poule quand la députée écologiste Véronique Massonneau prend la parole. Moquées, huées, dénigrées… Bon nombre de femmes politiques affrontent elle aussi des débordements misogynes[1]. Certains hommes considèrent que les femmes n'ont rien à faire en politique.

Par solidarité, les députés de la majorité ont boycotté quelques minutes la séance de l'Assemblée après l'affaire des caquètements visant Véronique Massonneau.

D'après www.liberation.fr, 4 mai 2015.

1. Qui témoigne du mépris envers les femmes.

DOC. 2 Une loi pour la parité* en politique

Article 7 Sur chacune des listes, l'écart entre le nombre des candidats de chaque sexe ne peut être supérieur à un. Chaque liste est composée alternativement d'un candidat de chaque sexe.

Loi du 6 juin 2000.

DOC. 3 Le nombre de femmes dans les assemblées départementales en 2014

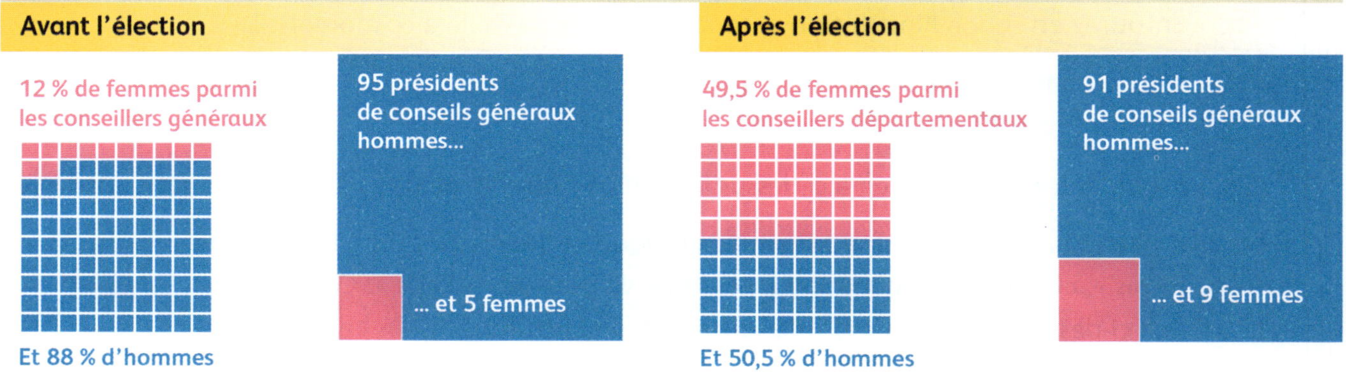

Questions

1 **DOC. 1** Soulignez en **rouge** les éléments qui montrent le manque de respect envers les femmes en politique.

2 **DOC 2** Comment la République a-t-elle agi pour augmenter la représentation des femmes en politique ?

………………………………………………………………………………………………

………………………………………………………………………………………………

3 **DOC. 3** Comment évolue le nombre de femmes parmi les conseillers départementaux ?

………………………………………………………………………………………………

………………………………………………………………………………………………

4 **DOC. 1, 2 et 3** Qu'est-ce qui montre que la situation des femmes en politique est en train de changer ?

………………………………………………………………………………………………

………………………………………………………………………………………………

5 Mettez une croix **rouge** dans la case qui vous paraît la plus proche de la réalité.

6 Avec la classe, coloriez en **bleu** la case qui correspond à la bonne réponse et justifiez dans le cas où la case « Faux » est coloriée.

	Vrai	Faux	Justification
Les femmes ont eu le droit de vote en France en 1944			....
La loi sur la parité oblige les partis politiques à présenter autant de candidates que de candidats lors de certaines élections.			....
Il n'y a jamais eu de femme Premier ministre en France.			....
Les premières femmes nommées ministres n'avaient pas le droit de voter aux élections.			....
Il n'y a aucun parti politique français dirigé par une femme.			....

ACTIVITÉ B Je participe au débat

☐ 1 - Développer les aptitudes à la réflexion critique.

« Les femmes ont-elles la même place que les hommes en politique ? »

Oui, les femmes ont la même place que les hommes en politique, **car :**

....

Non, les femmes n'ont pas la même place que les hommes en politique, **car :**

....

Méthode

a À l'aide des réponses de l'activité A, la classe débat du sujet.

b Je note toutes les idées du débat sur les deux fiches ci-contre.

c J'entoure les arguments qui me semblent les plus intéressants.

Je fais le bilan

☐ 1 - Développer les aptitudes à la réflexion critique

À partir des notes prises pendant le débat, résumez votre point de vue sur le sujet.

Vocabulaire

✱ **Parité :** en politique, fait de proposer aux électeurs des listes de candidats comportant un nombre égal d'hommes et de femmes.

Je passe à l'action :

Je présente le combat d'une grande figure pour le droit des femmes

ACTIVITÉ A Je m'informe sur des grandes figures du combat pour le droit des femmes

☐ 2/a - Expliquer le sens et l'importance de l'engagement.

ACTIVITÉ NUMÉRIQUE

Complétez le tableau ci-dessous en faisant des recherches au CDI ou sur internet.

Personnalité	Siècle auquel elle a vécu ou vit	Actions menées pour le combat des droits des femmes
 Olympe de Gouges	....	....
 Simone de Beauvoir	....	....
 Malala Yousafzaï	....	....
Autre personnalité au choix :	....	....

ACTIVITÉ B Je fais une recherche

☐ 2/a - Expliquer les sens et l'importance de l'engagement.

Je complète la fiche ci-contre.

Méthode

a Je choisis une grande figure parmi celles étudiées ci-dessus.

b Je fais une recherche au CDI et sur Internet.

Nom et prénom : ....

Date de naissance et de décès : ....

Nationalité : ....

Événements importants de sa vie : ....

....

....

Actions pour le droit des femmes : ....

....

Citation : ....

....

ACTIVITÉ C Je présente son combat dans un diaporama.

ACTIVITÉ NUMÉRIQUE

1- S'engager et assumer des responsabilités.

Je construis mon diaporama en suivant la méthode ci-dessous.

Méthode

- **a** Je répartis en trois thèmes les informations de l'activité précédente.
- **b** Je complète chaque cadre ci-contre qui me servira de brouillon.
- **c** Pour chaque diapositive, je trouve une illustration.
- **d** Je prépare mon diaporama sous PowerPoint, OpenOffice.
- **e** Je présente mon diaporama à la classe.

Diapositive 1 Titre : ……………………………………

Première information sélectionnée : ……………………………………

Illustration liée : ……………………………………

Deuxième information : ……………………………………

Illustration liée : ……………………………………

Diapositive 2 Titre : ……………………………………

Première information sélectionnée : ……………………………………

Illustration liée : ……………………………………

Deuxième information : ……………………………………

Illustration liée : ……………………………………

Diapositive 3 Titre : ……………………………………

Première information sélectionnée : ……………………………………

Illustration liée : ……………………………………

Deuxième information : ……………………………………

Illustration liée : ……………………………………

Je fais le bilan du thème 3

À l'aide de l'ensemble des informations des **pages 22 à 29**, je complète le schéma ci-dessous en notant les éléments à retenir (*idées principales, dates, mots importants*).

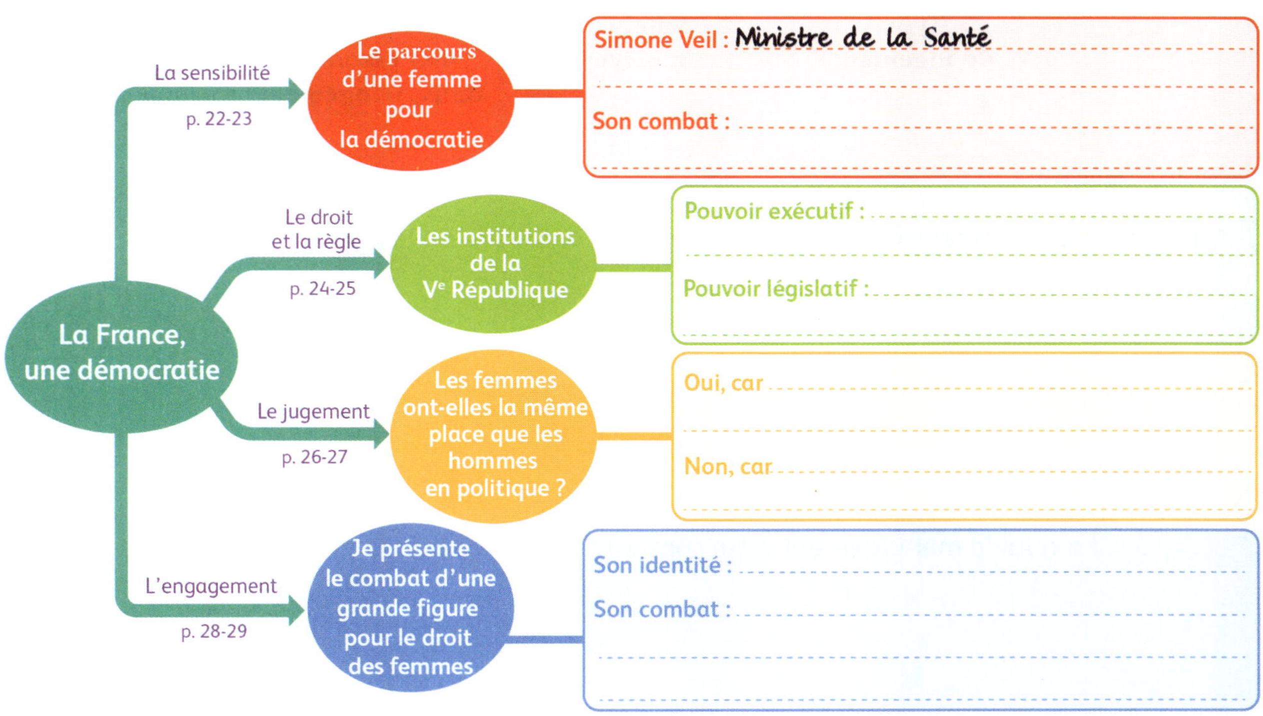

Je suis sensible à une situation :
Des inégalités de logement

Activité A Le logement, reflet des inégalités

3/a - Comprendre la diversité des sentiments d'appartenance sociaux.

DOC. 1 Des conditions de logement difficiles

Migrants d'Europe de l'Est dans un abri temporaire près de Lyon en avril 2015.

DOC. 2 Vivre dans un camp de Roms[1], les Coquetiers à Bobigny

Larissa, 14 ans, rêve d'une vie normale. « Vivre ici, c'est plus compliqué pour nous que pour nos parents. On va à l'école. Et là-bas, on se fait des amies qui ne peuvent pas comprendre nos conditions de vie. Plusieurs copines m'ont demandé pourquoi je ne les invitais jamais à goûter ou dormir chez moi. C'est comme de la honte. Je ne veux pas qu'on sache que je vis dans un bidonville* », explique l'adolescente. En juin, Larissa a eu les félicitations de son conseil de classe. Elle passe en 4e. Un miracle dans ces conditions de vie. Un miracle quand on sait qu'une petite fille de 8 ans y est morte dans un incendie en février 2014 ; depuis, Larissa vit dans la peur d'un nouvel incendie.

D'après www.franceinfo.fr, 28 août 2014.

1. Roms : Population française ou étrangère venant essentiellement de Roumanie et Bulgarie.

Questions

1 DOC. 1 Complétez le tableau ci-dessous.

	Type de logement	Nombre de pièces	Nombre de personnes dans le logement	Nombre de personnes par chambre
Doc. 1	....	....	....	....
Votre logement	....	....	....	....

2 DOC. 2 Quels sont les sentiments de Larissa sur ses conditions de logement ?

....

....

3 DOC. 2 Que pensez-vous des conditions de vie et de travail de Larissa ?

....

....

4 DOC. 1 et 2 En quoi le mal-logement est-il contraire à la dignité de la personne ?

....

....

....

ACTIVITÉ B Les problèmes du relogement

3/b - Connaître les principes, valeurs et symboles de la citoyenneté française.

DOC. 3 Le camp des Coquetiers évacué le 21 octobre 2014

Un arrêté municipal* de Bobigny a réglé le sort du campement dit « des Coquetiers ». Il a été évacué mardi par les forces de l'ordre sur décision du maire qui invoquait l'insalubrité* des lieux. Selon la préfecture, 24 familles ont bénéficié d'offres de logement dans des foyers Adoma. 59 personnes ont par ailleurs été accueillies dans un gymnase par la Ville de Paris.

D'après www.lefigaro.fr, 24 octobre 2014.

DOC. 4 La charte d'attribution des logements-foyers Adoma

Les critères d'attribution d'un logement Adoma sont :

- Être en règle sur le territoire français si on est étranger, ou être Français.
- Disposer de ressources modestes et être dans une situation d'urgence.
- Être une personne seule, en couple, ou une famille monoparentale (un enfant).
- Être majeur, s'engageant dans une démarche d'insertion vers un logement pérenne.

DOC. 5 Une famille part pour un logement d'insertion au Havre

Le jour de l'expulsion des Coquetiers, Simona se souvient avoir pleuré jusqu'à la gare. Elle a accepté de partir pour un logement au Havre. La famille roumaine s'est vu proposer un trois-pièces dans un foyer d'insertion. « Quand on est entrés, on a trouvé l'appartement très grand. » Six semaines après leur arrivée, la famille semble avoir pris ses repères. Simona suit des cours de français. « Je ne veux pas que mes enfants aient la même vie que moi, confie Simona. » La jeune femme dit voir la France comme son « pays natal » et être prête à faire « les démarches pour s'intégrer ».

D'après www.liberation.fr, 21 octobre et 19 décembre 2014.

Questions

1 DOC. 3 Complétez le tableau ci-dessous.

Acteurs	Comment interviennent-ils ?
Commune de Bobigny	....
Préfecture de Seine-Saint-Denis	....
Forces de l'ordre	....
Ville de Paris	....

2 DOC. 4 et 5 Soulignez en rouge dans le doc. 4 les critères qui montrent que Simona peut avoir accès à un logement d'urgence.

3 DOC. 5 Soulignez en bleu les éléments qui montrent que Simona a une démarche d'intégration.

Vocabulaire

* **Bidonville** : quartier défavorisé fait d'habitats précaires et souvent sans autorisation.
* **Arrêté municipal** : décision prise par le maire ou le conseil municipal.
* **Insalubrité** : mauvais pour la santé à cause des conditions de vie.

Je rédige

3/b - Connaître les principes, valeurs et symboles de la citoyenneté française.

À l'aide des informations trouvées dans les activités A et B, montrez qu'il existe des inégalités de logement et que de nombreux acteurs sont mobilisés pour les combattre.

Thème 4

Je comprends les règles :
L'élaboration de la loi en faveur du logement

ACTIVITÉ A Une loi pour résoudre la crise du logement

1/b - Identifier les grandes étapes du parcours d'une loi.

DOC. 1 Qu'est-ce que la loi DALO (Droit au logement opposable) ?

Le 17 janvier 2007, M. Jean-Louis Borloo, ministre du Logement, présente la loi instituant le droit opposable au logement (loi DALO) en Conseil des ministres. Les logements sociaux sont insuffisants : beaucoup de retard a été pris dans la construction de logements à loyers accessibles. Le droit opposable au logement est garanti par l'État. Il « doit permettre aux personnes défavorisées prioritaires dans l'attribution d'un logement de pouvoir non seulement saisir la commission de médiation mais aussi d'engager un recours devant la juridiction administrative » si un logement n'est pas fourni alors que la commission a reconnu l'urgence.

D'après www.senat.fr.

DOC. 2 Deux sénateurs débattent du 1er article de la loi DALO

Bernard Seillier, sénateur

« L'article 1er institue le principe d'un droit au logement opposable [...] aux personnes n'étant pas en mesure d'accéder par leurs propres moyens à un logement autonome et décent. »

Avis ? ....

Roland Muzeau, sénateur

« Le Gouvernement n'envisage pas la mise en place de mesures exceptionnelles, obligeant [...] à mobiliser les logements vacants ou à arrêter les expulsions. »

Avis ? ....

DOC. 3 Les étapes de l'adoption de la loi DALO

	Parcours de la loi DALO
17 janvier 2007	Présentation du projet de la loi en conseil des ministres.
1er février 2007	Le texte est discuté publiquement, modifié et voté par le Sénat.
21 février 2007	Le texte est discuté publiquement, modifié et voté par l'Assemblée nationale.
22 février 2007	Le texte voté par les deux assemblées n'étant pas le même, 7 députés et 7 sénateurs se mettent d'accord en commission mixte paritaire.
22 février 2007	Le texte modifié est voté au Sénat et à l'Assemblée nationale.
5 mars 2007	La loi est promulguée par le Président de la République.
6 mars 2007	La loi DALO paraît au *Journal officiel*.

Questions

1. **DOC. 1** Qui est à l'initiative de la loi DALO ?

....

2. **DOC. 1** Soulignez en rouge les raisons pour lesquelles la loi est proposée.

3. **DOC. 2** Indiquez pour chaque sénateur s'il est favorable ou pas à la loi.

4. **DOC. 1, 2 et 3** Montrez que la loi est élaborée de manière démocratique.

....

....

....

ACTIVITÉ B La France doit appliquer le droit au logement

1 - Comprendre les raisons de l'obéissance aux règles et à la loi.

DOC. 4 La France condamnée

La France a été condamnée, jeudi 9 avril, par la Cour européenne des droits de l'homme pour ne pas avoir exécuté un jugement attribuant un logement à une famille en vertu de la loi DALO. Une Camerounaise avait saisi la Cour : elle attend depuis cinq ans un relogement. Elle vit, avec sa fille et son frère, dans des conditions reconnues comme indécentes et insalubres par la commission de médiation instituée par la loi DALO. Le tribunal administratif de Paris, par un jugement du 28 décembre 2010, avait ordonné au préfet* de la région d'Ile-de-France d'assurer son relogement, sous peine de 700 euros par mois de retard à verser au fonds d'aménagement urbain de la région Île-de-France. L'amende a été versée mais la famille n'avait pas été relogée.

D'après fr.reuters.com et www.lemonde.fr, 9 avril 2015.

DOC. 5 La France est un État de droit

LA FRANCE DOIT APPLIQUER LE DROIT

QUELLES SOURCES DU DROIT ?
- Le droit européen
- La Constitution de la Vᵉ République
- Les lois françaises Ex : ....

QUELLES JURIDICTIONS PEUVENT ÊTRE SAISIES SI LA FRANCE NE RESPECTE PAS LE DROIT ?
- ....
- ....

Questions

1 DOC. 4 Soulignez en **rouge** le nom de la juridiction qui condamne la France et en **bleu** la raison de cette condamnation.

2 DOC. 4 Quelle juridiction française avait déjà été saisie face à cette situation de mal-logement ?

....

3 DOC. 4 et 5 Complétez le schéma ci-dessus.

Je rédige

2 - Comprendre les principes et les valeurs des sociétés démocratiques.

À l'aide des informations trouvées dans les activités A et B, montrez qu'en matière de logement la France est un État de droit.

Vocabulaire

* **Préfet :** représentant de l'État dans les régions et les départements.

Je réfléchis avec la classe :
À quoi servent les lois dans une démocratie ?

ACTIVITÉ A Je réfléchis au sujet

2/a - Reconnaître les grandes caractéristiques d'un État démocratique.

DOC. 1 Une chambre insalubre louée 200 € par mois à Soissons

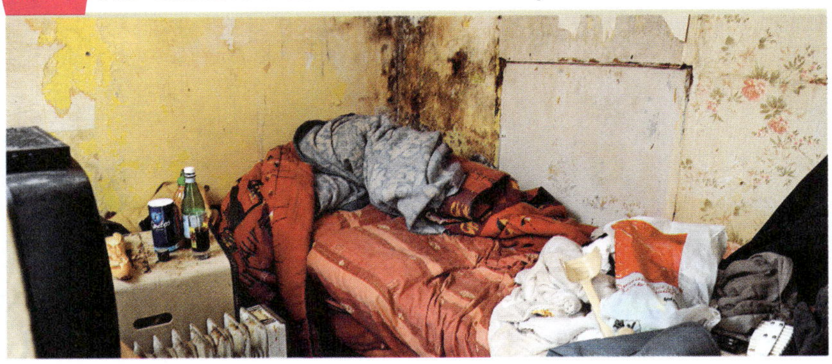

DOC. 3 Code pénal (loi du 18 mars 2003)

Article 225-14. Le fait de soumettre une personne, dont la vulnérabilité ou l'état de dépendance sont apparents ou connus de l'auteur, à des conditions de travail ou d'hébergement incompatibles avec la dignité humaine est puni de cinq ans d'emprisonnement et de 150 000 euros d'amende.

DOC. 2 Un logeur condamné

Un patron d'un bar de Soissons a été jugé pour avoir loué à 6 personnes vulnérables des logements insalubres et indignes. « Je voulais juste rendre service », assure Yacine, le patron d'un bar accusé d'avoir loué des chambres de 5 m², parfois sans fenêtre et sans point d'eau, à des personnes en grande précarité*. « Je plaide un peu coupable sur le fait d'avoir un peu laissé à l'abandon certaines choses », explique-t-il. D'après lui, ce sont ses « pensionnaires » qui ont mis les chambres dans cet état-là. Partout, des ordures. Dans le jardin, un seul toilette était à leur disposition.

Il a été condamné à une peine de deux années d'emprisonnement assorties d'un sursis avec mise à l'épreuve et 5 000 euros d'amende. Il devra, en outre, verser à chacun des deux locataires qui s'étaient constitués partie civile la somme de 1 000 euros.

D'après Cindy Hubert, www.rtl.fr, 2 mai 2013.

Questions

1. **DOC. 1 et 2** Montrez que les chambres louées étaient insalubres.

....

2. **DOC. 2** Comment se défend le propriétaire ?

....

3. **DOC. 3** À quoi sert le Code pénal ?

....

4. **DOC. 2 et 3** Soulignez en rouge la peine maximale prévue par la loi et en bleu la condamnation prononcée.

5 **DOC. 4 et 5** Vous êtes le locataire de ce logeur. Rédigez une lettre dans le cadre ci-dessous pour vous plaindre et utilisez la loi pour exiger des travaux.

6 Avec la classe, vous réfléchissez à une lettre commune et vous apportez les corrections nécessaires à votre première lettre.

Madame, Monsieur,

Je vous écris pour vous signaler que…

Je me permets de vous rappeler que la loi…

Aussi je vous demande de…

Cordialement,

Signature :

ACTIVITÉ B La classe réfléchit au sujet

1. Développer les aptitudes à la réflexion critique.

« À quoi servent les lois dans une démocratie ? »

Je fais le bilan

Avec l'ensemble de la classe, rédigez une réponse commune à la question posée ci-dessus.

Vocabulaire

* **Précarité :** situation de fragilité notamment financière, de logement ou de travail.

Thème 4

Je passe à l'action :
Je propose et je fais voter une loi dans ma classe

ACTIVITÉ A Je choisis le thème de la loi

2/a - Expliquer le sens et l'importance de l'engagement.

Votre classe a reçu une demande particulière : le député de la circonscription aimerait que vous lui proposiez une loi en rapport avec la jeunesse pour ensuite la proposer à l'Assemblée.

Méthode

a Pour chaque cadre, je trouve quelque chose que j'ai envie de défendre ou de changer.

b Parmi ces trois cadres, je choisis l'idée qui m'intéresse le plus.

c J'inscris cette idée dans le dernier cadre comme thème de loi.

d J'échange avec les élèves de ma classe puis nous choisissons en commun notre thème.

Ce qui me gêne :

Ce qui me plaît :

Ce qui me révolte :

Thème que je vais défendre :

ACTIVITÉ B Je rédige un projet de loi

1/a - Expliquer le lien entre l'engagement et la responsabilité

Je rédige un projet de loi dans le cadre ci-contre à partir du thème choisi.

Méthode

a Je me rends sur le site www.legifrance.fr, pour m'inspirer de lois réelles.

b J'indique les raisons de sa rédaction, ce qu'elle établit, les peines prévues si elle n'est pas respectée.

Projet de loi

ACTIVITÉ C Je défends notre projet de loi devant la classe

2/c - Comprendre la relation entre l'engagement des citoyens dans la cité et l'engagement des élèves dans l'établissement.

Je fais voter ma loi en suivant la méthode ci-dessous.

Méthode

a J'explique à l'oral la raison de notre projet de loi.

b Je note dans le tableau ci-contre des propositions de modifications (amendements).

c Chaque modification au texte original est votée séparément par la classe.

d Je fais voter le texte ainsi modifié.

	Nombre de voix	
	pour	contre
Premier amendement :		
Deuxième amendement :		
Troisième amendement :		

Un amendement est déposé par un député ou un sénateur qui veut corriger, compléter ou annuler un projet de loi.

Je fais le bilan du thème 4

À l'aide de l'ensemble des informations des **pages 30 à 37**, je complète le schéma ci-dessous en notant les éléments à retenir (*idées principales, dates, mots importants*).

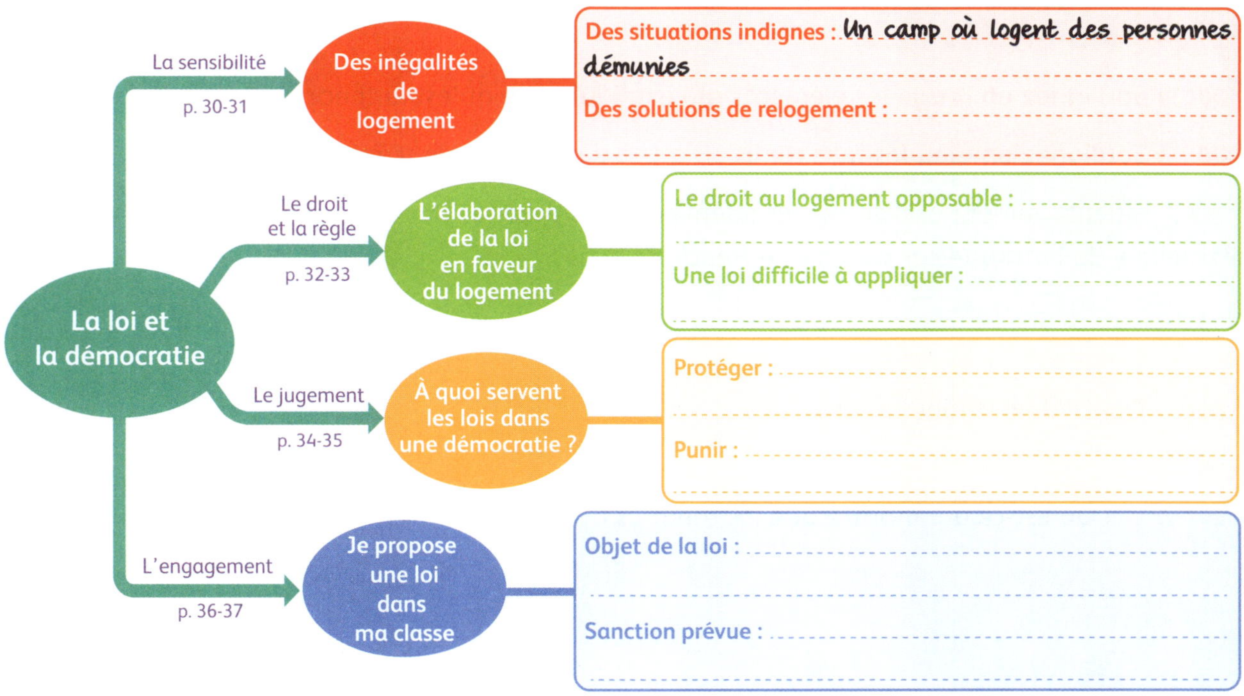

Je suis sensible à une situation :
Le pouvoir des médias sur l'opinion

Activité A L'influence d'Internet et des réseaux sociaux sur l'opinion

3/a - Comprendre la diversité des sentiment d'appartenance sociaux.

DOC. 1 Qu'est-ce que la « théorie du complot » ?

C'est une thèse qui remet en question la version officielle d'un fait. Elle peut concerner tout type d'événement. Le premier homme à marcher sur la Lune, les attentats du 11 septembre 2001 ont fait l'objet de plusieurs explications conspirationnistes[1]. Depuis la tuerie de *Charlie Hebdo*, mercredi 7 janvier 2015, les thèses les plus improbables se sont multipliées sur les réseaux sociaux. Elles ont même parfois été relayées par les plus hautes autorités de certains États qui y voient l'œuvre du Mossad[2] ou encore de la CIA[3].
Parmi les arguments les plus utilisés figure la présence de plusieurs véhicules utilisés par les frères Kouachi qui serait démontrée par des rétroviseurs blancs sur une image, près des lieux de l'attaque, et noirs plusieurs minutes plus tard, une fois la voiture abandonnée. Sauf que le modèle utilisé dispose de rétroviseurs chromés dont la couleur change en fonction de la lumière, ont expliqué les spécialistes.
On retrouve également ces thèses conspirationnistes en Russie. « Les Américains sont-ils derrière les attaques terroristes à Paris ? » a publié par exemple en Une un journal russe.

Antoine Izambard, site www.challenges.fr, 23 mars 2015.

1. En faveur du complot. **2.** Services secrets israéliens. **3.** Services secrets américains.

DOC. 2 Un sondage réalisé après l'attentat (2015)

Adhérez-vous à ces théories du complot ?

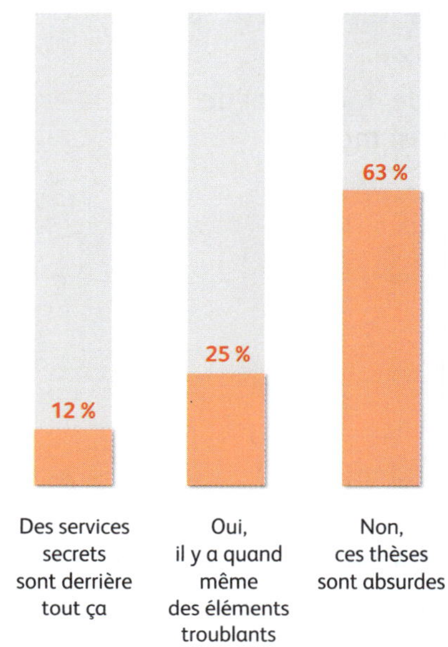

Challenges, mars 2015.

Questions

1. **DOC. 1** Soulignez en **rouge** les éléments qui expliquent ce qu'est la théorie du complot.
2. **DOC. 1** Soulignez en **bleu** les faits remis en cause par les théories conspirationnistes.
3. **DOC. 1** Quel argument ont donné les adeptes de ces théories pour mettre en doute la version « officielle » de l'attaque contre *Charlie Hebdo* ?

....

....

4. **DOC. 1** Quel rôle ont joué les réseaux sociaux ?

....

5. **DOC. 1 et 2** Qu'est-ce qui montre que les théories du complot ont un impact sur l'opinion ?

....

....

....

....

ACTIVITÉ B L'influence de la presse*

3/a - Comprendre la diversité des sentiments d'appartenance sociaux.

DOC. 3 La Une de *L'Express*, le 7 mai 2012

DOC. 4 La Une de *L'Express*, le 10 avril 2013

Questions

1 DOC. 3 et 4 complétez le tableau ci-dessous.

	Doc. 3	Doc. 4
Nom du magazine et date de parution		
Quel sujet est traité ?		
Quel est le titre en Une ?		
Quels sont les sous-titres ?		
Quel cadrage est choisi pour la photographie ?		
Dans quelles position et attitude le Président est-il représenté ?		
Quelle image du Président est donnée dans ces Unes ?		

Je rédige

1/a - Exprimer des sentiments moraux.

À l'aide des informations trouvées dans les activités A et B, expliquez comment les médias peuvent influencer l'opinion.

Vocabulaire

* **Presse** : média imprimé sur papier.

Thème 5

Je comprends les règles :
Les médias et la démocratie

ACTIVITÉ A Le débat politique dans les médias*

1 – Comprendre les raisons de l'obéissance aux règles et à la loi.

DOC. 1 Débat en 2012 entre les deux tours de l'élection présidentielle

DOC. 2 Loi Léotard sur la liberté de communication

Article 13 - Le Conseil supérieur de l'audiovisuel assure le respect de l'expression pluraliste des courants de pensée et d'opinion dans les programmes des services de radio et de télévision, en particulier pour les émissions d'information politique et générale. [...]

Loi du 30 septembre 1986, modifiée en 2004.

DOC. 3 Décret sur l'élection du Président de la République au suffrage universel

Article 15 - À compter de la date de début de la campagne [...], chaque candidat dispose d'une durée égale d'émissions télévisées et d'émissions radiodiffusées dans les programmes des sociétés nationales de programme aux deux tours du scrutin. [...]
Les temps d'émission télévisée et radiodiffusée sont utilisés personnellement par les candidats. [...]
Le Conseil supérieur de l'audiovisuel veille au respect des dispositions du présent article [...].

Décret du 8 mars 2001, modifié en 2006.

Questions

1 **DOC. 1** Dans quel média ce débat a-t-il eu lieu ?

....

2 **DOC. 1** Quel est l'intérêt d'un tel débat entre les deux tours de l'élection présidentielle ?

....

....

3 **DOC. 2 et 3** Soulignez en **rouge** les médias qui sont surveillés par le Conseil supérieur de l'audiovisuel.

4 **DOC. 1, 2 et 3** Relevez dans le tableau ci-dessous les éléments qui montrent que l'égalité et la liberté sont deux valeurs imposées et respectées.

Liberté	....
Égalité	....

ACTIVITÉ B L'influence d'Internet dans le débat politique

2 - Comprendre les principes et les valeurs de la République française.

DOC. 4 Une pétition lancée par des citoyens sur le site www.change.org

ADRESSÉE À

Président de la République Francois Hollande
Premier Ministre Manuel Valls
Mesdames et Messieurs les Parlementaires de l'Assemblée Nationale et du Sénat
et 8 autres

Stop au gâchis alimentaire en France !

Nous vous appelons à voter une loi imposant aux supermarchés de donner, soir après soir, tous leurs invendus à l'association de leur choix. Cette loi devra concerner tous les supermarchés et pas seulement les hypermarchés de plus de 1000 m2.

DOC. 5 Une loi votée suite à une mobilisation sur Internet

« Ce soir 21 mai 2015, l'Assemblée nationale vient de voter à l'unanimité les amendements à la loi sur la transition énergétique qui rendent désormais obligatoires le don par les supermarchés de leurs invendus alimentaires à des associations caritatives. C'est une réponse directe et concrète à notre mobilisation. En 4 mois, vous avez été plus de 210 000 à signer la pétition que j'ai lancée sur Change.org avec Mathieu Kassovitz et qui a permis le vote de cette loi.

De nombreux parlementaires de tous bords nous ont soutenus pendant toute cette campagne, ainsi que de nombreuses personnalités que je tiens à remercier et qui se sont mobilisées dans une vidéo : https://www.youtube.com/watch?v=OO4LUcMV25E

Merci à tous, c'est une immense victoire qui montre qu'ensemble, on peut faire changer les choses et lutter concrètement contre la faim, la pauvreté et le gaspillage en France.

Amitiés. »

Arash Derambarsh, élu de Courbevoie.

Questions

1. **DOC. 4** Soulignez en rouge les personnes visées par cette pétition.

2. **DOC. 4** Soulignez en bleu ce que réclame cette pétition.

3. **DOC. 5** Quels éléments montrent que cette pétition a mobilisé du monde ?

....

4. **DOC. 5** Quel a été le résultat de cette mobilisation ?

....

5. **DOC. 4 et 5** Quel média a été utilisé dans cette affaire et de quelle façon ?

....

Je rédige

2 - Comprendre les principes et les valeurs de la République française.

À l'aide des informations trouvées dans les activités A et B, montrez que les médias jouent un rôle important dans le débat politique et dans une démocratie.

Vocabulaire

* **Média :** moyen de diffuser des informations.

Thème 5

Je débats :
Les sondages influencent-ils l'opinion publique ?

ACTIVITÉ A

Je prépare le débat

1 - Développer les aptitudes à la réflexion critique.

DOC. 1 Résultats lors du premier tour de la présidentielle de 2012

Résultats du 1er tour en % des suffrages exprimés (Estimation intention de vote CSA à 20 h)

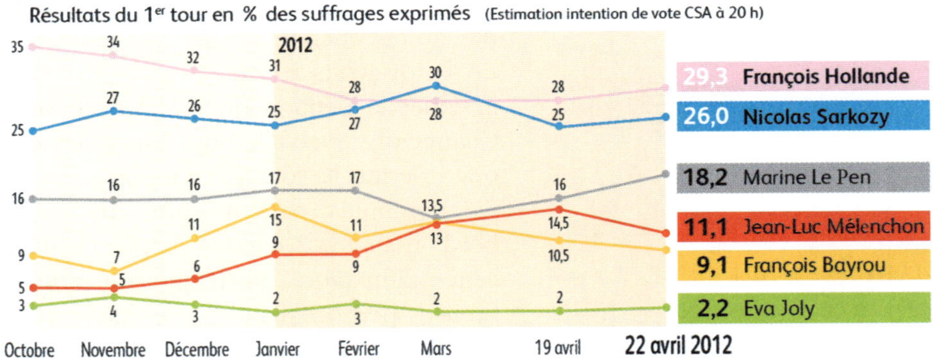

DOC. 2 Des sondages* qui influencent le vote

Comme pour un sondage, l'Institut MediaMento a interrogé en ligne un panel de 1 000 personnes « toutes inscrites sur liste électorale, et sur une base nationale représentative ». Les participants ont vu six résultats de sondages fictifs et ont répondu après chacun sur leur intention de vote. « Les résultats de cette étude sont pour le moins explicites : les sondages ont une influence sur les intentions de vote », a indiqué MediaMento. Près d'un quart (24,9 %) des personnes ont changé de « candidat favori » dans leurs intentions de vote, selon les différents résultats de sondages qui leur étaient exposés.

D'après www.ouest-france.fr, le 21 avril 2012.

DOC. 3 Des sondages qui n'influencent pas le vote

Alors que les sondages avaient annoncé un certain désintéressement de la campagne, les Français sont quand même allés voter. La participation a atteint près de 80 %. Autre événement de ce premier tour, pas forcément prévu par les instituts de sondage : le score de la candidate du Front national, Marine Le Pen. Elle recueille 18 % des voix, soit davantage que la plupart des estimations. Score surévalué en revanche pour le candidat du Front de gauche, longtemps désigné comme un possible troisième homme est loin derrière avec 11,2 % des voix.

D'après www.franceculture.fr, le 23 avril 2012

Questions

1 **DOC. 1** Complétez le tableau pour comparer les dernières intentions de vote et les suffrages exprimés.

Candidats	Intentions de vote avant le suffrage (19 avril 2012) selon le sondage CSA	Estimations à 20 h des résultats du premier tour (22 avril 2012)
F. Hollande	....	....
N. Sarkozy	....	....
M. Le Pen	....	....
J.-L. Mélenchon	....	....

2 **DOC. 2 et 3** Soulignez en rouge les éléments qui montrent que les sondages influencent l'opinion.

3 **DOC. 2 et 3** Soulignez en bleu les éléments qui montrent que les sondages n'influencent pas l'opinion.

4 Un parti politique organise un sondage sur le vote à partir de 16 ans. Pour chaque question proposée, indiquez dans la première colonne si cette question veut influencer positivement, négativement ou ne pas influencer ceux qui sont interrogés. Expliquez votre choix dans la deuxième colonne du tableau.

Question posée	Influence	Ce qui explique votre choix
Seriez-vous prêts à confier la lourde responsabilité de voter à des jeunes de 16 ans ?		
Une grande partie des électeurs ne vont plus voter. Pour lutter contre cette abstention, ne pensez-vous pas qu'il est temps d'accorder le droit de vote aux jeunes de 16 ans ?		
Depuis 1974, les Français peuvent voter à partir de 18 ans. Seriez-vous favorable au vote dès 16 ans ?		

ACTIVITÉ B Je participe au débat

1 - Développer les aptitudes à la réflexion critique.

Méthode

a En utilisant les réponses de l'activité A, la classe débat du sujet.

b Je note toutes les idées du débat sur les deux fiches ci-contre.

c J'entoure les arguments qui me semblent les plus intéressants.

« Les sondages influencent-ils l'opinion publique ? »

Oui, les sondages influencent l'opinion publique, **car**…

Non, l'opinion publique n'est pas influencée par les sondages, **car**…

Je fais le bilan

1 - Développer les aptitudes à la réflexion critique.

À partir des notes prises pendant le débat, résumez votre point de vue sur le sujet.

Thème 5

Je passe à l'action :

Je réalise un sondage sur l'usage des réseaux sociaux au collège

ACTIVITÉ A Nous découvrons un sondage réalisé via Internet par un collège

☐ 2 - Développer une conscience citoyenne.

DOC. 1 Un sondage au collège François-Rabelais

« Dans le cadre du Comité d'éducation à la santé et à la citoyenneté (CESC), les élèves de 5e auront prochainement une intervention autour des réseaux sociaux et de l'utilisation du portable. Afin de proposer aux élèves mais aussi aux adultes de réfléchir à leur pratique, j'ai réalisé un petit sondage ci-dessous. Ce sondage est bien sûr anonyme ! »

Mathilde Chamard, professeur-documentaliste au collège François-Rabelais à Niort.

DOC. 2 Extraits du questionnaire sur Google Forms

Avez-vous un compte sur un réseau social? *

○ oui

○ non

Avez-vous déjà vécu une situation où vous vous êtes senti(e) humilié(e) suite à une publication sur Internet? *

Par exemple : on vous a insulté sur Internet, on s'est moqué d'une de vos photos, on a publié des photos sans vous en parler...

☐ oui

☐ non

Questions

1 **DOC. 1** Dans quel cadre a été réalisé ce sondage ?

....

2 **DOC. 2** Quels types de réponses sont possibles sous Google Forms ?

....

ACTIVITÉ B Nous préparons notre sondage

☐ 1 - S'engager et assumer des responsabilités.

Méthode

a Avec notre professeur(e) nous décidons des questions à poser dans notre sondage en utilisant le cadre ci-contre.

b Sur Internet, nous cherchons l'application Google Forms.

c Avec la classe, nous créons un compte avec une adresse mail et un mot de passe.

Sondage sur l'usage des réseaux sociaux au collège

Personne interrogée :

1. Sexe : Fille ☐ Garçon ☐

2. Classe : 6e ☐ 5e ☐ 4e ☐ 3e ☐

Questions à poser :

As-tu un compte sur un réseau social ? ....

As-tu ouvert ton profil avec ta véritable identité ? ....

Tu t'y connectes… tous les jours ☐ toutes les semaines ☐

Tu t'y connectes à partir de…

l'ordinateur familial ☐ ton ordinateur personnel ☐ ton téléphone ?

Autres questions à poser : ....

....

....

ACTIVITÉ C Je participe à la création du formulaire

1. S'engager et assumer des responsabilités.

Je crée le formulaire du sondage en suivant la méthode ci-dessous. ACTIVITÉ NUMÉRIQUE

Méthode

a Sur le site de Google Forms, nous nous connectons à notre compte pour accéder au formulaire.

b Une fois le sondage complété, je vais dans le menu « Réponses » puis sur « Résumé des réponses ».

c À partir des graphiques tirés du formulaire, je rédige un bilan du sondage.

d Avec notre enseignant(e), nous publions les résultats sur le site ou dans le journal du collège en remerciant tous les participants.

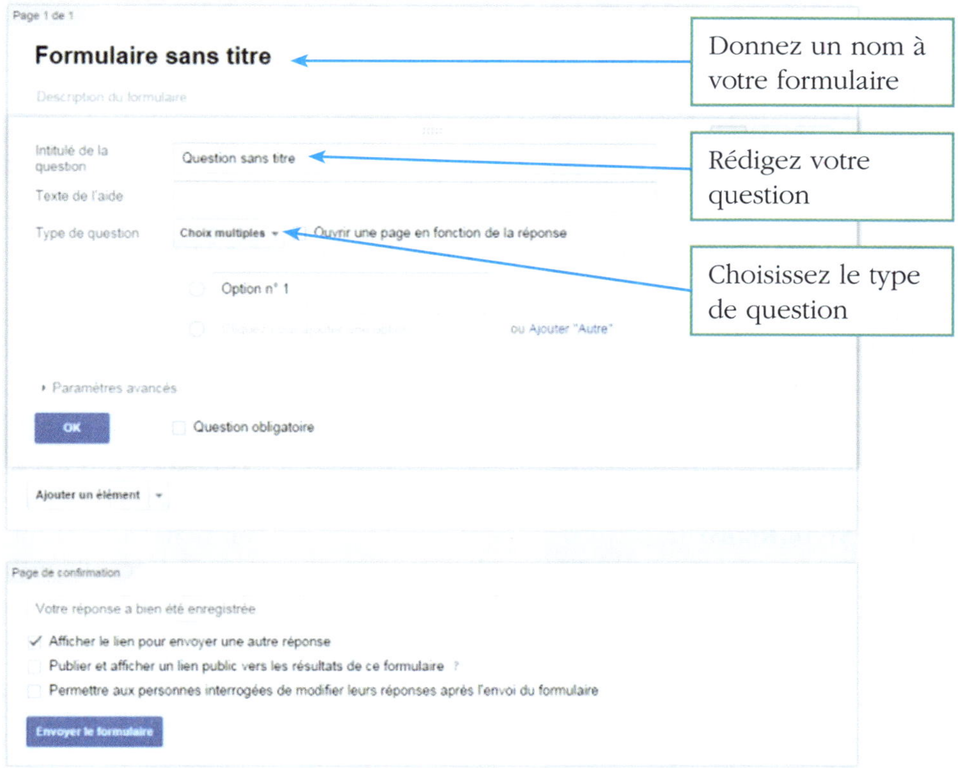

Je fais le bilan du thème 5

À l'aide de l'ensemble des informations des **pages 38 à 45**, je complète le schéma ci-dessous en notant les éléments à retenir (*idées principales, dates, mots importants*).

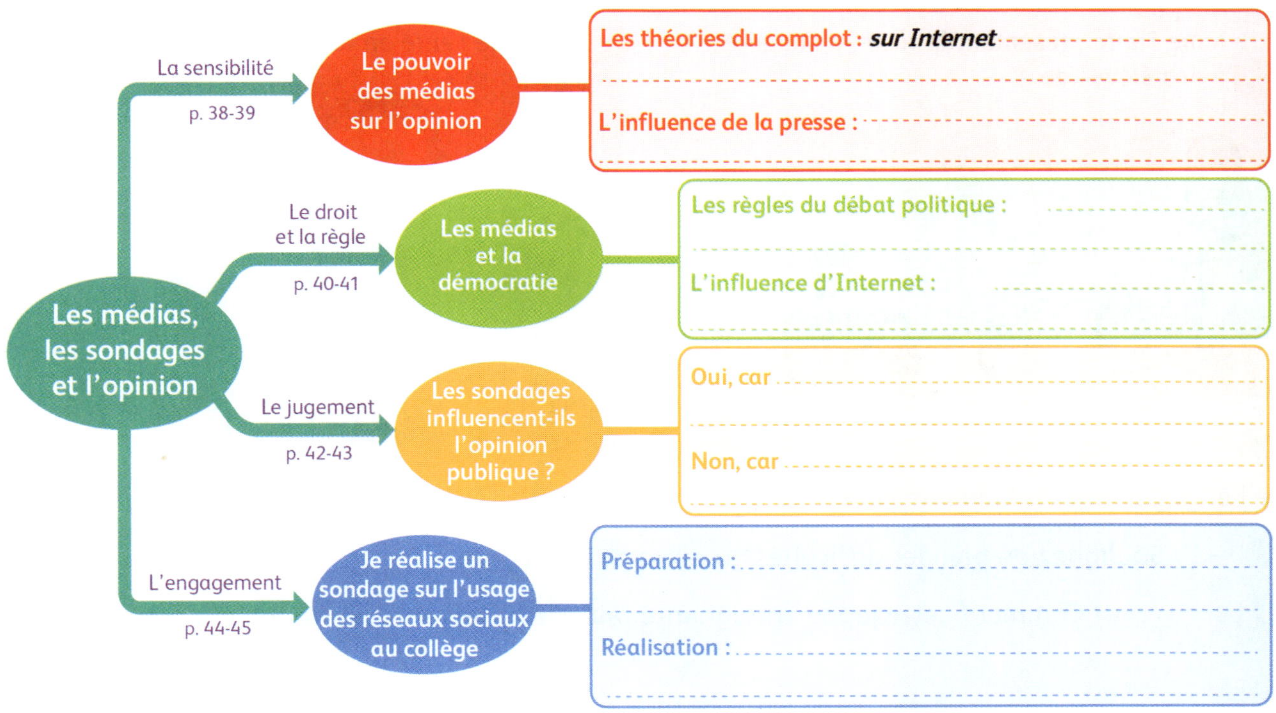

Je suis sensible à une situation :

Faire le lien entre la Nation et son armée

ACTIVITÉ A Une jeune enseignante membre de la réserve militaire

3/a - Comprendre la diversité des sentiments d'appartenance civiques.

DOC. 1 Le témoignage de Ludivine Faure, enseignante et réserviste

Comment conciliez-vous votre métier d'enseignante et votre engagement militaire ?
Pendant la semaine, je suis enseignante d'espagnol au collège et je suis réserviste militaire le week-end et les jours fériés.

En quoi consiste votre engagement dans la réserve militaire* ?
J'ai reçu une formation militaire avant de signer pour 3 ans : dans le cadre du plan Vigipirate, je me suis engagée à protéger la population et à assurer la sécurité dans les lieux publics (aéroports, gares, lieux de cultes…).

Pourquoi vous êtes-vous engagé dans la réserve ?
Par amour de la France et pour être utile à mon pays, mais aussi parce que l'armée est une famille qui m'a appris à me dépasser et à compter sur les autres.

Comment se déroule votre entraînement militaire ?
On apprend à se défendre, à tirer, à combattre et à survivre en extérieur. On fait de grandes marches de 25 km avec 50 kg de matériel dans le dos.

Qu'est-ce qui est le plus pénible ?
Le manque de sommeil : on nous met sous pression en nous empêchant de dormir, de manger. Le parcours du combattant est aussi très difficile. Et puis c'est un univers très masculin : nous sommes 4 filles pour 45 hommes dans mon unité.

Quel avantage y trouvez-vous ?
On prend confiance en soi et on monte rapidement en grade, comme un militaire d'active. Les gens qui remarquent mon sac militaire me regardent souvent avec respect. Il faut que les filles sachent aussi se défendre et protéger les autres.

Propos recueillis par les auteurs en avril 2015.

DOC. 2 Mme Faure présentant la réserve militaire à des élèves de 3e

DOC. 3 Mme Faure en formation militaire le week-end

Questions

1. **DOC. 1** Soulignez en rouge les raisons de l'engagement de Madame Faure.
2. **DOC. 1** Soulignez en bleu les difficultés qu'elle a dû surmonter.
3. **DOC. 1, 2 et 3** Comment cette jeune enseignante fait-elle le lien entre la Nation et l'armée ?

....

....

....

ACTIVITÉ B Des rallyes citoyens pour les collégiens

3/a - Comprendre la diversité des sentiments d'appartenance civiques.

DOC. 4 Qu'est-ce qu'un rallye citoyen ?

Il s'agit d'une compétition amicale, ludique, intellectuelle et physique, qui s'adresse, selon les départements, à des équipes mixtes de 8 à 12 élèves de collège ou de lycée. Les équipes passent sur une douzaine de stands tenus par des partenaires qui peuvent varier selon les départements : Armée de terre, Marine nationale, Armée de l'air, Gendarmerie, Police nationale, Pompiers, Mairies, Conservatoire des espaces naturels, Office national des anciens combattants…

Chaque journée s'ouvre par une cérémonie des couleurs où les élèves chantent *La Marseillaise*. En amont, les enseignants ont expliqué les emblèmes de la République et revu les paroles de l'hymne national. Les retours d'expérience sont très positifs, pour l'ensemble des partenaires, mais plus particulièrement pour les jeunes.

Sur le site du Collège Robert-Barrière de Sauveterre-de-Guyenne.

Questions

1. DOC. 4 Soulignez en rouge les acteurs de cette opération.

2. DOC. 4 Soulignez en bleu ce qui montre que le rallye citoyen est aussi en lien avec les valeurs de la République.

3. DOC. 4 et 5 Quel est l'objectif de cette journée pour les collégiens ?

4. DOC. 4 et 5 Auriez-vous aimé participer à un rallye citoyen ? Expliquez pourquoi.

DOC. 5 Un exemple de rallye citoyen

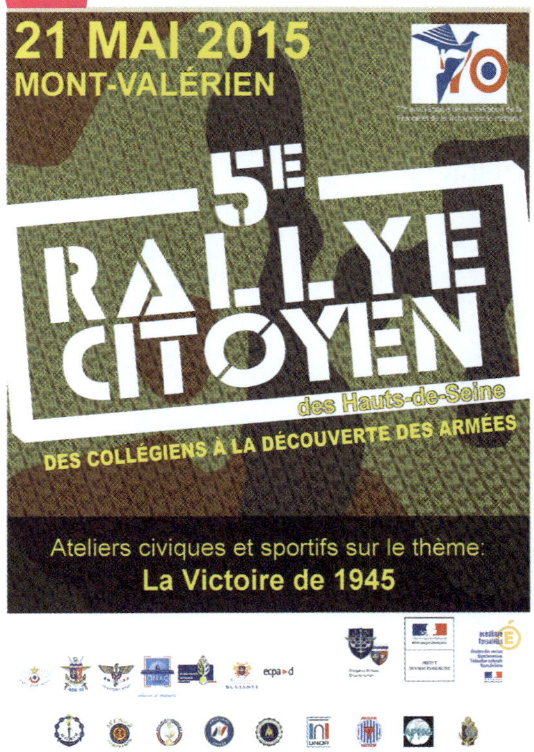

Je rédige

1/a - Exprimer des sentiments moraux.

À l'aide des informations trouvées dans les activités A et B, expliquez ce que vous pensez du lien qui existe entre les jeunes et l'armée.

Vocabulaire

* **Réserve militaire (ou réserve opérationnelle) :** à partir de 17 ans, engagement à assurer un enseignement de défense et à participer à des opérations militaires en cas de nécessité.

Je comprends les règles :

Le devoir de défense des mineurs

ACTIVITÉ A Le recensement militaire à 16 ans

1 - Comprendre les raisons de l'obéissance aux règles et à la loi.

DOC. 1 Une plaquette pour le recensement* militaire

Qui sont ces personnages ?

....

....

....

Expliquez ce logo.

....

....

Que signifie ce slogan ?

....

....

Qui est l'auteur de l'affiche ?

....

....

Questions

1. **DOC. 1** Qui est concerné par le recensement ?

....

2. **DOC. 1** Comment peut-on se faire recenser ?

....

3. **DOC. 1** Répondez aux questions situées à gauche de l'image.

4. **DOC. 1** Pourquoi est-ce important de se faire recenser ?

....

ACTIVITÉ B

La Journée Défense et Citoyenneté avant 18 ans

2 – Comprendre les principes et les valeurs des sociétés démocratiques.

DOC. 2 Le service militaire suspendu et remplacé depuis 1997

Depuis la levée en masse des Français de 1792, afin de défendre « la Patrie en danger » et de renforcer l'armée française, le devoir de défense du territoire est lié à la citoyenneté. Tout Français de sexe masculin est donc susceptible d'être mobilisé afin de défendre le territoire national, ou, plus largement, de se battre pour son pays.

En France, la conscription et le service national de dix mois ont été réformés par la loi du 28 octobre 1997. Ils font place à une Journée Défense et Citoyenneté (JDC), obligatoire pour tous, garçons et filles, avant 18 ans. La JDC permet d'informer les jeunes Français sur leurs droits et devoirs en tant que citoyens, ainsi que sur le fonctionnement des institutions de leur pays.

Au cours de cette journée, le jeune répond à des tests d'évaluation de ses capacités en lecture. Il assiste à une présentation de la Défense nationale et des différentes formes d'engagement : volontariat pour l'insertion des jeunes en difficulté, service civique, réserve opérationnelle, métiers civils et militaires de la défense, sécurité civile. Cette journée est également l'occasion d'une sensibilisation au secourisme ainsi que d'une information sur le don de sang, de gamètes ou d'organes.

Enfin, chaque participant reçoit la *Charte des droits et devoirs du citoyen français*, ainsi qu'un certificat de participation, qu'il devra obligatoirement fournir lors de l'inscription aux examens et concours. Toutefois, « l'appel sous les drapeaux » peut être rétabli si la défense de la Nation le justifie.

D'après le site www.vie-publique.fr.

Questions

1 **DOC. 2** En quoi consiste la JDC ?

2 **DOC. 2** Quelles sont les différences entre la JDC et l'ancien service militaire ?

3 À votre avis, pourquoi le service militaire a-t-il été suspendu ? Dans quel cas pourrait-il être rétabli ?

Je rédige

1 - Comprendre les raisons de l'obéissance aux règles et à la loi.

À l'aide des informations trouvées dans les activités A et B, montrez en quoi consiste le devoir de défense pour les mineurs.

Vocabulaire

* **Recensement** : **1.** dénombrement détaillé des habitants d'un pays. **2.** Dénombrement des jeunes soumis au service national.

Je réfléchis avec ma classe :
À quoi sert le service civique ?

ACTIVITÉ A Je réfléchis au sujet

2/a - Reconnaître grndes les caractéristiques d'un État démocratique.

DOC. 1 Qu'est-ce que le service civique ?

Le service civique a pour objet de renforcer la cohésion nationale et la mixité sociale. Le service civique s'adresse à tous les jeunes de 16 à 25 ans, de nationalité française ou de celle d'un État membre de l'Union européenne. Le service civique est un engagement volontaire de six à douze mois pour l'accomplissement d'une mission d'intérêt général. Concrètement, ces missions peuvent consister à accompagner des personnes âgées isolées dans des sorties culturelles, à intervenir dans les écoles sur les conduites à risques, à participer à des actions de lutte contre l'illettrisme ou encore à favoriser l'accès aux pratiques sportives de personnes handicapées. Une indemnité est versée au volontaire par l'État ; elle est complétée par une prestation en nature ou en espèces versée par l'organisme d'accueil. Aujourd'hui, seul un volontaire sur cinq obtient un engagement.

D'après le site www.vie-publique.fr.

DOC. 2 Nawal Kaci, 21 ans, en service civique à l'hôpital Émile-Roux (Val-de-Marne)

En novembre 2013, Nawal quitte le lycée en début de terminale. Elle intègre alors une classe spécialisée pour les décrocheurs scolaires qui prépare au concours d'aide-soignante. Malheureusement, elle n'est pas sélectionnée. Afin de mettre toutes les chances de son côté pour le concours de l'année suivante, elle s'engage dans une mission de service civique à l'hôpital, proposée par l'association Banlieue sans frontière en action. « Je me suis dit que ça me permettrait d'acquérir de l'expérience, et de nourrir mon CV. Et puis, ça correspond vraiment au secteur dans lequel je veux travailler plus tard », sourit-elle. Sa mission s'achève en novembre prochain. Elle espère ensuite pouvoir reprendre ses études pour devenir aide-soignante.

D'après Marine Pelletier, *Le Parisien*, 13 août 2014.

Questions

1 DOC. 1 et 2 Complétez le tableau suivant pour présenter le service civique.

	Le service civique		
	Pour qui ?	**Pourquoi ?**	**Comment ?**
Doc. 1	....	....	....
Doc. 2	....	....	....

2 À l'aide du site www.service-civique.gouv.fr, trouvez une mission qui vous intéresserait.

ACTIVITÉ NUMÉRIQUE

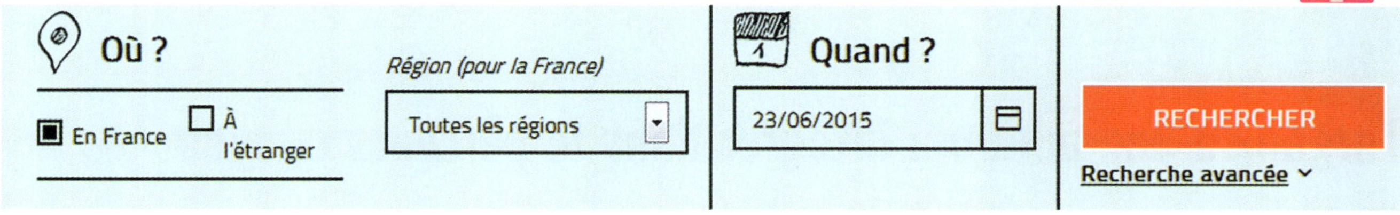

Intitulé de la mission	Où ?	Quoi ?	Quand ?	Quel organisme ?	Quel thème ?
....	....	....	....	....	....
....	....	....	....	....	....
....	....	....	....	....	....

3 Soulignez en rouge les réponses qui vous correspondent le mieux dans chaque situation.

4 Avec la classe, comparez vos réponses et entourez en bleu la réponse majoritaire.

1. Je trouve que le service civique est une démarche :
a) enrichissante.
b) intéressante.
c) sans intérêt.

2. Le service civique me donne envie pour plus tard :
a) de m'engager dans une association.
b) de créer une association.
c) de faire des dons.

3. Je préfèrerais m'engager auprès :
a) d'enfants.
b) d'adultes.

4. Je souhaiterais m'engager :
a) dès 16 ans.
b) après mon bac.
c) si je ne trouve pas de travail.

5. Le service civique nécessite surtout :
a) du temps.
b) du courage.
c) de la maturité.

6. Le service civique me permettrait :
a) de gagner de l'argent.
b) de me rendre utile.
c) d'acquérir une expérience professionnelle.

ACTIVITÉ B La classe réfléchit au sujet

1 - Développer les aptitudes à la réflexion critique.

« À quoi sert le service civique ? »

Je fais le bilan

Avec l'ensemble de la classe, rédigez une réponse commune à la question posée ci-dessus.

Je passe à l'action :

J'organise une action à intégrer dans le parcours citoyen

ACTIVITÉ A Je complète mon parcours citoyen

☐ 1/a - Expliquer le lien entre l'engagement et la responsabilité.

Actions concrètes réalisées

Questions

1. Soulignez en **rouge** sur le document les objectifs du parcours citoyen.
2. Indiquez dans les cadres de droite les actions concrètes que vous avez déjà réalisées au cours de chaque étape de votre parcours citoyen cette année ou les années précédentes : débats, leçon marquante, sortie scolaire, travail en salle informatique, intervenant en classe…

ACTIVITÉ B Nous réfléchissons à des actions possibles pour les futurs élèves de 3e

☐ 2/a - Expliquer le sens et l'importance de l'engagement.

Je complète le schéma ci-contre en suivant la mèthode ci-dessous.

Méthode

a En groupe, nous trouvons une action qui pourrait être mise en place pour les futurs élèves de 3e du collège.

b Nous devons nous appuyer sur une dimension du parcours citoyen et être en lien avec l'apprentissage des valeurs de la République.

c Une fois validées par l'enseignant, nos idées sont notées dans le schéma ci-contre.

d La classe vote pour le meilleur projet.

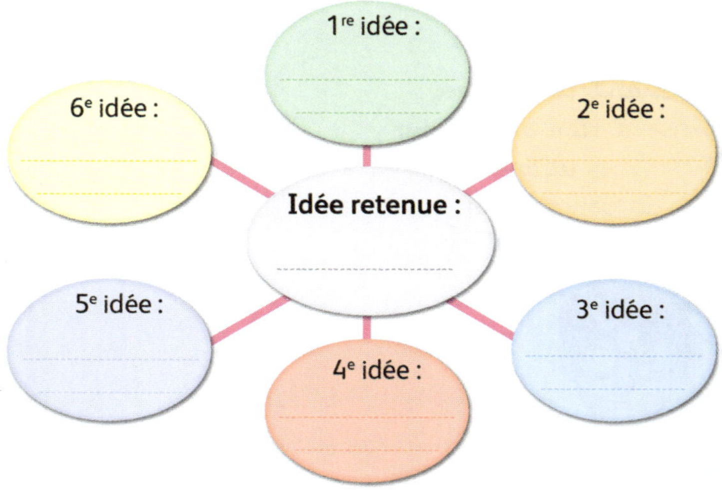

ACTIVITÉ C Je présente une étape importante de mon parcours citoyen

2/a - Expliquer le sens et l'importance de l'engagement.

Je complète la fiche de présentation de notre projet.

Méthode

a Nous présentons ce projet à notre principal(e).

b Ce projet sera une étape du parcours citoyen des élèves de 3e de l'an prochain.

Intitulé de l'action :

....

Description de cette action :

....

....

....

Les valeurs transmises :

....

....

Le rôle des élèves dans cette action :

....

....

....

Les aides et le matériel à prévoir :

....

....

Je fais le bilan du thème 6

À l'aide de l'ensemble des informations des **pages 46 à 53**, je complète le schéma ci-dessous en notant les éléments à retenir (*idées principales, dates, mots importants*).

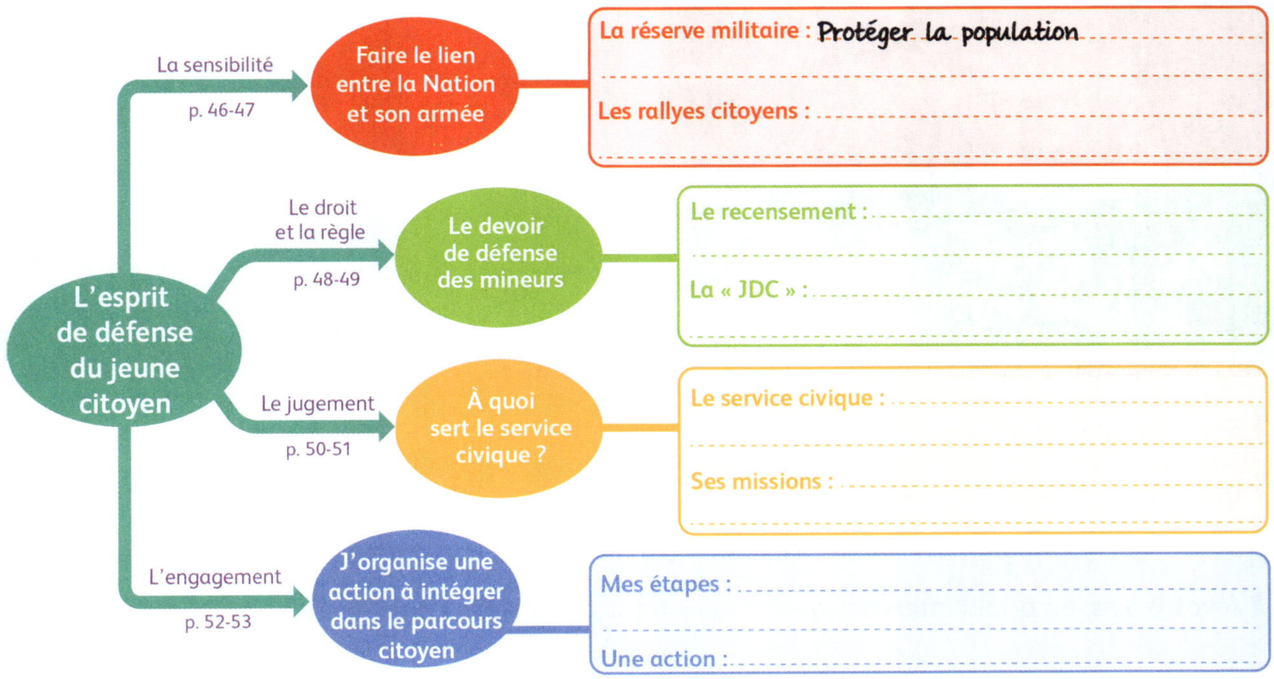

Je suis sensible à une situation :

L'action de la France au Mali

Activité A L'intervention militaire française au Mali

3/a - Sentiment d'appartenance au destin commun de l'humanité.

DOC. 1 Le bilan de l'opération Serval au Mali

Quelle était la situation du Mali aux premiers jours de 2013 ? Depuis plusieurs mois, toute la moitié nord du pays était livrée aux groupes djihadistes* qui y faisaient régner leur ordre. Musique, tabac et alcool étaient strictement interdits. Des tribunaux ordonnaient l'amputation des mains de voleurs. Des lieux saints de grande valeur artistique étaient détruits. Les bandes armées régnaient sur la région, avec le cortège habituel de vols et violences. Six otages français étaient détenus dans la région.

Aux premiers jours de 2014, la situation est radicalement différente. Les groupes djihadistes ont été empêchés d'envahir le Sud et ils ont pris des coups très sévères : plusieurs centaines de combattants ont été tués, leur capacité d'action sérieusement réduite. L'un de leurs principaux chefs, Abou Zeid, a été tué. La légalité a été rétablie et des élections démocratiques ont été organisées, permettant l'arrivée au pouvoir d'un nouveau président, Ibrahim Boubacar Keïta, dont la légitimité n'est pas contestée par ses opposants.

L'intervention au Mali n'est toutefois pas seulement un succès français. Africains, Européens et Américains ont été entraînés dans le sillage de Paris. 2 500 militaires français sont toujours présents dans le pays, moitié moins qu'au moment le plus dur de la guerre. En 2013, l'opération Serval coûtera environ 650 millions – soit à peine 2 % du budget de la Défense. Sept militaires français y sont morts.

D'après Jean-Dominique Merchet, *L'Opinion,* 5 janvier 2014.

DOC. 2 Débarquement de troupes et de matériel français

DOC. 3 Frappes aériennes contre les djihadistes

Questions

1. DOC. 1 Soulignez en rouge les raisons de l'intervention militaire française au Mali.
2. DOC. 1 Soulignez en bleu les conséquences de cette intervention.
3. DOC. 1, 2 et 3 Soulignez en vert les éléments qui montrent l'engagement de la France au Mali.
4. À votre avis, en quoi l'intervention militaire française a-t-elle contribué à rétablir la paix ?

....

....

ACTIVITÉ B L'aide de la France au développement du Mali

3/a - Sentiment d'appartenance au destin commun de l'humanité.

DOC. 4 Le Mali, un pays pauvre

	Mali	France
Population	17 millions d'habitants	66 millions d'habitants
PIB/habitant	648 $ par an par habitant	43 379 $ par an par habitant
Espérance de vie	53 ans	82 ans
Indice de fécondité	6,35 enfants par femme	2,01 enfants par femme
Taux d'alphabétisation	38.70 %	100 %

DOC. 5 La France finance la rénovation d'un hôpital malien

Après plus de cinquante ans de service, l'hôpital Somine Dolo de Mopti ne répondait plus aux normes attendues d'un hôpital régional. Le gouvernement du Mali, la France à travers l'AFD (Agence française de développement) et la Belgique ont donc décidé de construire un nouvel hôpital sur un nouveau site, suffisamment grand pour accueillir davantage de patients. L'hôpital Somine Dolo compte aujourd'hui du personnel plus qualifié, et des spécialistes dont nombre d'entre eux ont été formés grâce au projet (gynécologue, anesthésiste…). Il reçoit également les étudiants en médecine pour les former et les préparer à leur métier de demain.

D'après le site www.afd.fr, 4 mars 2014.

DOC. 6 Une chambre de l'ancien hôpital

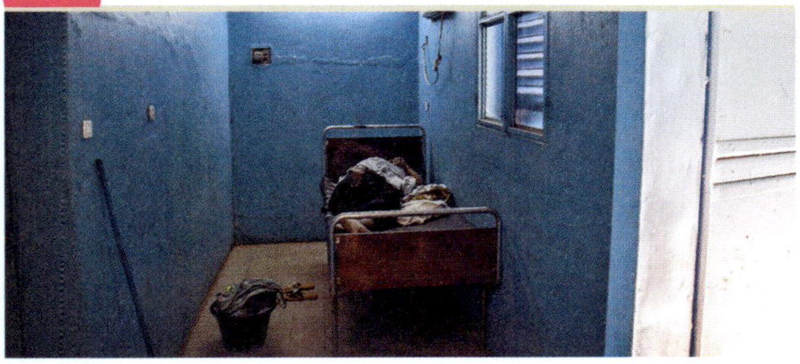

DOC. 7 La nouvelle maternité de l'hôpital

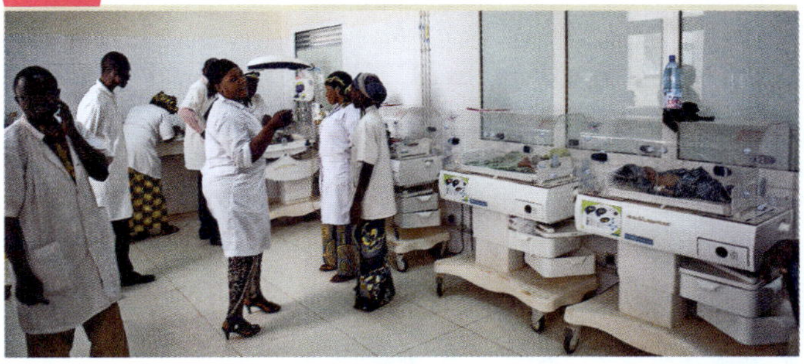

Questions

1. DOC. 4 Pourquoi peut-on dire que le Mali est un PMA* ?

....

....

2. DOC. 5 Soulignez en rouge les acteurs de l'aide au développement du Mali.

3. DOC. 5 à 7 Quelles actions ont été possibles grâce au versement de ces aides ?

....

....

Vocabulaire

* **Djihadiste :** extrémiste musulman cherchant à étendre l'islam par la violence.

* **PMA (Pays les moins avancés) :** pays parmi les plus pauvres et les moins développés du monde.

Je rédige

1/a - Exprimer des sentiments moraux.

À partir des informations trouvées dans les activités A et B, expliquez ce que vous pensez des actions de la France au Mali.

Thème 7

Je comprends les règles :

Les actions de la France et la coopération internationale

ACTIVITÉ A L'intervention de la communauté internationale au Mali

1/b - La loi et la démocratie en lien avec les traités internationaux.

DOC. 1 Une intervention soutenue par la France au Conseil de Sécurité de l'ONU*

Le Conseil de sécurité*, […] considérant que la situation qui règne au Mali constitue une menace pour la paix et la sécurité internationales, […] décide d'autoriser le déploiement au Mali, pour une durée initiale d'une année, de la Mission internationale de soutien au Mali sous conduite africaine (MISMA), [pour] aider les autorités maliennes à reprendre les zones du nord de son territoire qui sont contrôlées par des groupes armés terroristes et extrémistes.

Résolution 2085 des Nations unies du 20 décembre 2012.

« [Nos] remerciements s'adressent en particulier à la France, à son peuple, à son Président et à son gouvernement […]. La France n'a ménagé aucun effort pour amener le Conseil de sécurité à prendre ses responsabilités. »

Le ministre des Affaires étrangères maliennes au Conseil de Sécurité de l'ONU, le 20 décembre 2012.

DOC. 2 Des casques bleus* pour le maintien de la paix à Goa en 2014

DOC. 3 Un camp de l'ONU pour les réfugiés maliens en Mauritanie en 2013

Questions

1. DOC. 1 Quelle institution internationale se mobilise pour aider les autorités maliennes ?

……………………………………………………………………

2. DOC. 1 Quel a été le rôle de la France dans cette résolution ?

……………………………………………………………………

3. DOC. 1, 2 et 3 Quelles sont les actions internationales entreprises pour aider le Mali ?

……………………………………………………………………

……………………………………………………………………

……………………………………………………………………

ACTIVITÉ B Le rôle de la France au Mali

1/b - La loi et la démocratie en lien avec la Constitution.

DOC. 4 La décision de l'intervention militaire française au Mali

« J'ai, au nom de la France, répondu à la demande d'aide du président du Mali appuyée par les pays africains de l'Ouest. En conséquence, les forces armées françaises ont apporté cet après-midi leur soutien aux unités maliennes pour lutter contre ces éléments terroristes.
Cette opération durera le temps nécessaire. J'informerai régulièrement les Français sur son déroulement. Les ministres concernés, celui des Affaires étrangères en liaison avec les Nations unies, car nous intervenons dans le cadre de la légalité internationale, comme le ministre de la Défense donneront également toutes les informations utiles à la population.
Enfin, le Parlement sera saisi dès lundi. »

Discours de François Hollande, 11 janvier 2013.

DOC. 5 La Défense dans la Constitution française

Article 15 – Le Président de la République est le chef des armées. [...]
Article 20 – Le Gouvernement détermine et conduit la politique de la Nation. Il dispose de l'administration et de la force armée. [...]
Article 21 – Le Premier ministre dirige l'action du Gouvernement. Il est responsable de la Défense nationale.

Article 35 – [...] Le Gouvernement informe le Parlement de sa décision de faire intervenir les forces armées à l'étranger, au plus tard trois jours après le début de l'intervention. Il précise les objectifs poursuivis. Cette information peut donner lieu à un débat qui n'est suivi d'aucun vote. Lorsque la durée de l'intervention excède quatre mois, le Gouvernement soumet sa prolongation à l'autorisation du Parlement.

Questions

1 DOC. 4 Soulignez en rouge les éléments qui montrent que la France n'agit pas seule dans ce conflit.

2 DOC. 4 Soulignez en bleu les éléments qui montrent que le président de la République respecte les règles de la démocratie.

3 DOC. 4 et 5 Complétez le tableau ci-dessous.

Institution de la République	Rôle dans l'intervention au Mali
Président de la République	....
Gouvernement (Premier ministre et ministre de la Défense)	....
Parlement (Assemblée nationale et Sénat)	....

Vocabulaire

* **ONU** : Organisation des Nations unies pour la protection de la paix dans le monde
* **Conseil de sécurité** : organe de décision des Nations unies chargé de voter les résolutions.
* **Casques bleus** : force militaire de l'ONU pour le maintien de la paix.

Je rédige

2 - Comprendre les principes et les valeurs des sociétés démocratiques.

À l'aide des informations dans les activités A et B, montrez que l'intervention militaire au Mali se fait dans le respect du droit français et international.

Thème 7

Je débats :
Est-ce important que la France s'engage pour la paix dans le monde ?

ACTIVITÉ A Je réfléchis au sujet

☐ 2/b - Problèmes de la paix et de la guerre dans le monde et causes de conflits.

DOC. 1 Rencontre entre les présidents français et russe sur le conflit ukrainien (2014)

....

....

....

DOC. 2 Conférence internationale pour la paix et la sécurité en Irak à Paris (2014)

....

....

....

DOC. 3 Surveillance de la marine française contre la piraterie dans l'océan Indien (2014)

....

....

DOC. 4 Intervention française contre les talibans en Afghanistan (2001-2012)

....

....

Questions

1. **DOC. 1 à 4** Sous chaque photographie, indiquez en quoi ces actions françaises tentent de garantir la paix.

2. **DOC. 1 à 4** Quels sont les deux types d'actions de la France pour garantir la paix dans le monde ?

....

3 Soulignez en rouge les arguments qui montrent que la France peut contribuer à garantir la paix dans le monde et en bleu les arguments qui montrent qu'elle rencontre des obstacles pour maintenir la paix.

La France possède l'arme nucléaire.	La France intervient militairement au Mali, en Centrafrique, en Irak.
La France est présente dans les organisations internationales comme l'ONU, l'OTAN.	Des attentats ont lieu en Syrie, en France, au Yémen, au Pakistan…
Des Français sont enlevés en Algérie, au Yémen.	La France est endettée et intervenir militairement coûte cher.
La France est la 6e puissance militaire mondiale.	Des otages ont été libérés au Mali.
La France a un seul porte-avions	La France a un poids diplomatique : elle est écoutée dans le monde.

ACTIVITÉ B Je participe au débat

1 - Développer les aptitudes à la réflexion critique.

« Est-ce important que la France s'engage pour la paix dans le monde ? »

Oui, c'est important que la France s'engage pour la paix, **car**…

……………………………………………

……………………………………………

……………………………………………

……………………………………………

……………………………………………

……………………………………………

……………………………………………

……………………………………………

……………………………………………

Non, la France ne peut pas s'engager pour la paix, **car**…

……………………………………………

……………………………………………

……………………………………………

……………………………………………

……………………………………………

……………………………………………

……………………………………………

……………………………………………

……………………………………………

Méthode

a En utilisant les réponses de l'activité A, la classe débat du sujet.

b Je note toutes les idées du débat sur les deux fiches ci-contre.

c J'entoure les arguments qui me semblent les plus intéressants.

Je fais le bilan

1 - Développer les aptitudes à la réflexion critique.

À partir des notes prises pendant le débat, résumez votre point de vue sur le sujet.

Je passe à l'action :
Je découvre les métiers de la Défense

Activité A Je fais une recherche sur un métier de la Défense

2/d - Les citoyens et la Défense nationale.

À partir de recherches sur le site www.onisep.fr ou au CDI, complétez la fiche ci-dessous. Activité numérique

Définition du métier, principales activités :

Études, formations nécessaires :

Salaire moyen d'un débutant :

Qualités nécessaires :

Évolution de carrière possible :

Avantages et points positifs :

Inconvénients et points négatifs :

Autres informations utiles :

Sources utilisées :

ACTIVITÉ B Je réalise l'interview d'un militaire

2/d - Connaître les principes qui régissent la Défense nationale.

Je prépare l'interview en suivant la méthode ci-dessous.

Méthode

a Je lis toutes les questions sur la fiche ci-contre avant l'interview.

b Je trouve d'autres questions à poser et je les ajoute à la fiche ci-contre.

c Si l'interview est faite en classe, nous nous répartissons les questions avec mes camarades.

d Je prends les réponses en note, sans les rédiger.

Nom .... **Prénom** ....

Âge .... **Profession** ....

1. En quoi consiste votre métier ?

....

....

2. Pourquoi avoir fait ce métier ?

....

....

3. Depuis combien de temps exercez-vous ce métier ?

....

4. Quelles études avez-vous faites ?

....

Autres questions possibles :

....

....

....

....

Je fais le bilan du thème 7

À l'aide de l'ensemble des informations des **pages 54 à 61**, je complète le schéma ci-dessous en notant les éléments à retenir (*idées principales, dates, mots importants*).

L'engagement de la France pour la paix

- La sensibilité (p. 54-55) → **L'action de la France au Mali**
  - L'action militaire : Des frappes aériennes ....
  - L'aide au développement : ....
- Le droit et la règle (p. 56-57) → **Les actions de la France et la coopération internationale**
  - Dans le cadre de l'ONU : ....
  - Dans la constitution : ....
- Le jugement (p. 58-59) → **Est-ce important que la France s'engage pour la paix dans le monde ?**
  - Oui, car ....
  - Non, car : ....
- L'engagement (p. 60-61) → **Je découvre les métiers de la Défense**
  - Un métier : ....

Programme d'Enseignement Moral et Civique du cycle 4

BO spécial n° 6, 25 juin 2015

La sensibilité : soi et les autres

Objectifs de formation
1. Identifier et exprimer en les régulant ses émotions et ses sentiments.
2. S'estimer et être capable d'écoute et d'empathie.
3. Se sentir membre d'une collectivité.

Connaissances, capacités et attitudes visées	Objets d'enseignement	Exemples de pratiques en classe, à l'école, dans l'établissement
1/a - Exprimer des sentiments moraux à partir de questionnements ou de supports variés et les confronter avec ceux des autres (proches ou lointains).	- Connaissance et reconnaissance de sentiments. - Connaissance et structuration du vocabulaire des sentiments moraux.	- Réflexions sur les différentes formes de racismes et de discriminations : partir d'une délibération du Défenseur des droits, d'un récit fictionnel ou de la vie quotidienne, de jeux de rôles, d'une recherche documentaire, d'œuvres artistiques, ou de la pratique de l'éducation physique et sportive. - La médiation scolaire : à partir d'une situation de tension dans une classe, travail mené par le professeur et le CPE avec le groupe d'élèves concernés, puis réflexion commune avec la classe (heure de vie de classe), puis travail écrit ou oral des élèves. - Étude d'une action en faveur de la solidarité sociale ou du développement durable.
2/a - Comprendre que l'aspiration personnelle à la liberté suppose de reconnaître celle d'autrui.	- Connaissance de soi et respect de l'autre, en lien avec l'éducation affective et sexuelle. - L'identité personnelle ; l'identité légale. - La question des addictions.	
3/a - Comprendre la diversité des sentiments d'appartenance civiques, sociaux, culturels, religieux.	- Expressions littéraires et artistiques et connaissance historique de l'aspiration à la liberté. - La francophonie. - Sentiment d'appartenance au destin commun de l'humanité.	
3/b - Connaître les principes, valeurs et symboles de la citoyenneté française et de la citoyenneté européenne.	- Citoyenneté française et citoyenneté européenne : principes, valeurs, symboles.	

Le droit et la règle : des principes pour vivre avec les autres

Objectifs de formation
1. Comprendre les raisons de l'obéissance aux règles et à la loi dans une société démocratique.
2. Comprendre les principes et les valeurs de la République française et des sociétés démocratiques.

Connaissances, capacités et attitudes visées	Objets d'enseignement	Exemples de pratiques en classe, à l'école, dans l'établissement
1/a - Expliquer les grands principes de la justice (droit à un procès équitable, droit à la défense) et leur lien avec le règlement intérieur et la vie de l'établissement.	- Le rôle de la justice : principes et fonctionnement. - Le règlement de l'établissement et les textes qui organisent la vie éducative.	- Du duel au procès, à partir d'exemples historiques ou littéraires. - L'usage d'Internet dans la vie sociale et politique. - Sensibilisation aux risques d'emprise mentale. - Élaboration d'un projet de règlement intérieur ou d'une modification de celui-ci. - Évolution de la perception de la place de l'enfant dans l'histoire. - La question du dopage à partir de plusieurs entrées relevant de la physiologie, de l'analyse des pratiques sociales et de la question du droit. - Participation à des audiences au tribunal.
1/b - Identifier les grandes étapes du parcours d'une loi dans la République française.	- La loi et la démocratie représentative. Leur lien avec la Constitution et les traités internationaux.	
2/a - Définir les principaux éléments des grandes déclarations des Droits de l'homme.	- Les différentes Déclarations des Droits de l'homme. - Le statut juridique de l'enfant.	

Le jugement : penser par soi-même et avec les autres

Objectifs de formation
1. Développer les aptitudes à la réflexion critique : en recherchant les critères de validité des jugements moraux ; en confrontant ses jugements à ceux d'autrui dans une discussion ou un débat argumenté.
2. Différencier son intérêt particulier de l'intérêt général.

<table>
<tr><th>Connaissances, capacités et attitudes visées</th><th>Objets d'enseignement</th><th>Exemples de pratiques en classe, à l'école, dans l'établissement</th></tr>
<tr><td>1/a - Expliquer les différentes dimensions de l'égalité, distinguer une inégalité d'une discrimination.</td><td>- Les différentes dimensions de l'égalité.
- Les différentes formes de discrimination (raciales, antisémites, religieuses, xénophobes, sexistes, homophobes...).</td><td rowspan="4">- Étude de l'influence des sondages d'opinion dans le débat public.

- La question des médias : dans le cadre de la Semaine de la presse, mener une réflexion sur la place et la diversité des médias dans la vie sociale et politique, sur les enjeux de la liberté de la presse.

- Travail sur la Charte de la laïcité.

- Égalité et non-discrimination : la perspective temporelle et spatiale, la dimension biologique de la diversité humaine, sa dimension culturelle, l'expression littéraire de l'inégalité et de l'injustice, le rôle du droit, l'éducation au respect de la règle.

- Exercice du débat contradictoire.</td></tr>
<tr><td>1/b - Comprendre les enjeux de la laïcité (liberté de conscience et égalité des citoyens).</td><td>- Les principes de la laïcité.</td></tr>
<tr><td>2/a - Reconnaître les grandes caractéristiques d'un État démocratique.</td><td>- Les principes d'un État démocratique et leurs traductions dans les régimes politiques démocratiques (ex. : les institutions de la Ve République).</td></tr>
<tr><td>2/b - Comprendre que deux valeurs de la République, la liberté et l'égalité, peuvent entrer en tension.</td><td>- Les libertés fondamentales (libertés de conscience, d'expression, d'association, de presse) et les droits fondamentaux de la personne.
- Problèmes de la paix et de la guerre dans le monde et causes des conflits.</td></tr>
</table>

L'engagement : agir individuellement et collectivement

Objectifs de formation
1. S'engager et assumer des responsabilités dans l'école et dans l'établissement.
2. Prendre en charge des aspects de la vie collective et de l'environnement et développer une conscience citoyenne, sociale et écologique.

<table>
<tr><th>Connaissances, capacités et attitudes visées</th><th>Objets d'enseignement</th><th>Exemples de pratiques en classe, à l'école, dans l'établissement</th></tr>
<tr><td>1/a - Expliquer le lien entre l'engagement et la responsabilité.</td><td>- Les responsabilités individuelles et collectives face aux risques majeurs.
- La sécurité des personnes et des biens : organisations et problèmes.</td><td rowspan="4">- Semaine citoyenne à l'occasion de l'élection des élèves délégués : procédure des candidatures, rédaction des professions de foi, règles du vote.

- Instances participatives associant les représentants des élèves.

- Les citoyens face aux risques naturels : à partir d'exemples de séismes, mener un travail sur les parts respectives des aléas naturels, des contextes sociaux et politiques, des responsabilités individuelles et collectives.

- À l'occasion du recensement des élèves âgés de 15 ans, faire comprendre le sens de cette opération, son lien avec la JDC et le rôle des citoyens dans la Défense nationale.

- Étude d'une action militaire dans le cadre de l'Onu.

- Création et animation de club ou d'association dans l'établissement, participation au foyer socio-éducatif et à l'association sportive.</td></tr>
<tr><td>2/a - Expliquer le sens et l'importance de l'engagement individuel ou collectif des citoyens dans une démocratie.

2/b - Connaître les principaux droits sociaux.</td><td>- L'exercice de la citoyenneté dans une démocratie (conquête progressive, droits et devoirs des citoyens, rôle du vote, évolution des droits des femmes dans l'histoire et dans le monde...).
- L'engagement politique, syndical, associatif, humanitaire : ses motivations, ses modalités, ses problèmes.</td></tr>
<tr><td>2/c - Comprendre la relation entre l'engagement des citoyens dans la cité et l'engagement des élèves dans l'établissement.</td><td>- Le rôle de l'opinion dans le débat démocratique.
- L'engagement solidaire et coopératif de la France : les coopérations internationales et l'aide au développement.</td></tr>
<tr><td>2/d - Connaître les grands principes qui régissent la Défense nationale.</td><td>- La Journée Défense et Citoyenneté.
- Les citoyens et la Défense nationale, les menaces sur la liberté des peuples et la démocratie, les engagements européens et internationaux de la France.</td></tr>
</table>

Lexique

A

* **Abstention** : oubli ou refus de participer à un vote. .... p. 7

* **Arrêté municipal** : décision prise par le maire ou le conseil municipal. .... p. 31

B

* **Bidonville** : quartier défavorisé fait d'habitats précaires et souvent sans autorisation. .... p. 31

C

* **Conseil de sécurité** : organe de décision des Nations unies chargé de voter les résolutions. .... p. 57

* **Casques bleus** : force militaire de l'ONU pour le maintien de la paix. .... p. 57

D

* **Démocratie** : régime politique dans lequel le peuple exerce le pouvoir. .... p. 23

* **Directive européenne** : texte juridique qui fixe des objectifs aux États membres de l'Union européenne. .... p. 17

* **Djihadiste** : extrémiste musulman cherchant à étendre l'islam par la violence. .... p. 55

H

* **Hindou** : qui pratique l'hindouisme, religion polythéiste d'origine indienne. .... p. 9

I

* **Insalubrité** : mauvais pour la santé à cause des conditions de vie. .... p. 31

L

* **Laïque** : qui ne favorise aucune religion, tout en respectant toutes les religions et en les plaçant dans la vie privée et non dans la vie publique. .... p. 9

M

* **Média** : moyen de diffuser des informations. .... p. 41

* **Multilinguisme** : coexistence de plusieurs langues dans un territoire. .... p. 19

N

* **Nationalité** : appartenance légale à un État. .... p. 19

* **Naturalisation** : cérémonie durant laquelle un étranger obtient la nationalité française par décision de l'État. .... p. 5

O

* **ONU** : Organisation des Nations unies pour la protection de la paix dans le monde .... p. 57

P

* **Pacifique** : qui favorise la paix. .... p. 15

* **Parité** : en politique, fait de proposer aux électeurs des listes de candidats comportant un nombre égal d'hommes et de femmes. ...... p. 27

* **Pouvoir exécutif** : pouvoir de faire appliquer les lois. .... p. 17

* **Pouvoir législatif** : pouvoir de discuter et de voter les lois. .... p. 17

* **Pluralisme** : coexistence de différentes opinions (qui se tolèrent et se respectent). .... p. 15

* **PMA (Pays les moins avancés)** : pays parmi les plus pauvres et les moins développés du monde. p. 55

* **Précarité** : situation de fragilité notamment financière, de logement ou de travail. .... p. 35

* **Préfet** : représentant de l'État dans les régions et les départements. .... p. 33

* **Presse** : média imprimé sur papier.. .... p. 39

* **Promulguer** : publier, diffuser une loi auprès de la population et la faire appliquer. .... p. 25

R

* **Recensement** : **1.** dénombrement détaillé des habitants d'un pays. **2.** Dénombrement des jeunes soumis au service national. .... p. 49

* **Règlement** : loi européenne qui s'applique directement dans tous les États membres. .... p. 17

* **Réserve militaire (ou réserve opérationnelle)** : à partir de 17 ans, engagement à assurer un enseignement de défense et à participer à des opérations militaires en cas de nécessité. .... p. 47

S

* **Shoah** : mot hébreu désignant le génocide des Juifs par les nazis pendant la Seconde Guerre mondiale. .... p. 23

* **Suffrage universel** : vote accordé à tous les citoyens. .... p. 7

Achevé d'imprimer en France par Pollina - Dépôt légal : Février 2016 - Edition 03 - 25/3342/1